Elo{

Todo el mu   y seguro que m.   .... si tuviera dos. Bianca no tiene
miedo de correr con cuchillos, agarrarse las rodillas y saltar
desde grandes acantilados, ni ver qué tan grueso es el hielo al
salir corriendo sobre él. Tampoco le teme vivir su vida como
si las promesas de Dios fueran ciertas en realidad, en lugar
de un montón de doctrinas con las que solo interactuamos y
que parecen buenas. Este no solo es un libro sobre el viaje de
Bianca. Es una invitación al tuyo. No es un rastro de migajas
de pan que nos da Bianca, es una caja de fósforos. Nos desafía
a encender el primero, devolverlo a la caja que hemos hecho de
nuestra fe y ver qué sucede a continuación.

Bob Goff, autor del superventas
El amor hace según el *New York Times*

Bianca, gracias por ser tan vulnerable y narrar tu historia, así
como las verdades que has descubierto en el camino. Este libro
es un tesoro. Si estás experimentando una lucha, deseas conocer a Dios en un nivel más apasionado, o solo quieres que te
alienten, ¡encontraste el libro perfecto!

Kari Jobe

¡En fuego! Bianca está en llamas. Sus palabras forman un
camino, a través de su propio viaje, hacia la libertad y la
transformación. Su cruda sinceridad y su inquebrantable
creencia en el plan de Dios para tu vida son contagiosas, y
estoy emocionada de ver cómo este libro enciende un fuego
salvaje de fe.

Jen Hatmaker, oradora y autora del superventas
Por el amor de... según el *New York Times*

El cambio y la transformación no son fáciles, pero al usar su historia personal y las historias de otros a lo largo de la Biblia, Bianca no solo nos muestra maneras de sobrevivir a las llamas de la vida, sino de PROSPERAR en medio de las pruebas. Como mentora y guía en su vida, me emociona que Bianca narre su viaje para ayudar a otros a convertirse en las personas a las que Dios ha llamado a comprender a través del poder del Espíritu Santo. Bianca no solo escribió sobre el poder transformador de Dios, sino que lo ha vivido también.

Christine Caine, autora de superventas, maestra
y fundadora de *A21* y *Propel Women*

Teniendo el privilegio de ser una de las mejores amigas de Bianca desde el instituto, vi de primera mano cómo ha amado, vivido y liderado como lo hizo Jesús. Su libro, *Jugar con fuego*, ofrece una verdad real y transparente con un toque de su peculiar sentido del humor. ¡Estas son algunas de las cualidades que me encantan de ella! Ruego que este libro prenda un incendio en tu vida y te aliente a confiar en el Señor a través de las llamas y entrar a tu propia «Tierra Prometida» con plena fe.

Jennie Finch, medallista de oro de sófbol
olímpico de Estados Unidos

Cuando alguien lee las Escrituras bíblicas sobre el fuego, casi siempre las interpreta dentro del contexto del pecado o la condenación. Sin embargo, la clara voz de Bianca en *Jugar con fuego* está diseñada con sumo cuidado para transmitir la santa presencia de Dios y el poder divino para cambiar la vida interior de los buscadores sinceros que desean un cambio radical. Como su padre y pastor, ¡estoy muy orgulloso de su trabajo! He visto a mi hija transformarse en una mujer de fortaleza e integridad, y eso no es nada menos que pasar por un fuego de refinamiento.

Pancho Juárez, pastor, *Calvary Chapel*,
Montebello, California

¡Me encanta este libro escrito por Bianca, mi apasionada hermana puertorriqueña! Sus historias transparentes despertarán tu pasión y te posicionarán para florecer en medio de los fuegos del caos, el agotamiento y la confusión.

Lisa Bevere, *Messenger International*,
autora de los superventas *Se despierta la leona*,
Inamovible y *Mujeres con espada*

Más allá de la narración, las anécdotas humorísticas y las historias personales, *Jugar con fuego* es una prueba del amor redentor de Dios. Me recordó que el fuego, esos momentos dolorosos de la vida, puede refinarme o arruinarme, pero Dios se encargará de guiarme. Bianca escribió su historia con gracia y cuidado como una prueba más de que todas las cosas obran juntas para la gloria del reino. ¡Una lectura muy inspiradora!

Jasmine Star, estratega de marca
y consultora de mercadotecnia

Jugar con fuego te hará reír, llorar y te abrirá los ojos al poder de Dios para transformar tu vida. Bianca Juárez Olthoff tiene la rara habilidad de tejer una hermosa verdad bíblica en su propia historia de transformación. Te encantará el poder y la frescura con la que enseña Bianca. *Jugar con fuego* es el libro que te quedas despierta hasta tarde para terminarlo porque no puedes soltarlo!

Alli Worthington, autora de *Tiempo de vivir feliz*

Los incendios que atravesamos no nos definen. El fuego dentro de nosotros es lo que nos define. En *Jugar con fuego*, Bianca Juárez Olthoff empodera a las mujeres con una infusión catalítica, centrada en Cristo y basada en la Biblia de una verdad apasionada y preparada para despertar el *fuego* de Dios. Bianca no solo enseña sobre el fuego, ella está *ardiendo* por Cristo, un fuego que la enciende para hacer justicia y cambiar el mundo.

Rvdo. Dr. Samuel Rodríguez, presidente de la Conferencia Nacional de Liderazgo Cristiano Hispano, pastor principal de *New Season Worship*

Bianca vive con un fuego sincero por Dios en lo más profundo de sus huesos. La belleza de leer sus palabras es que su mismo fuego apasionado atrapa nuestros corazones. Prepárate para querer más de Dios. Prepárate para cambiar a medida que el fuego de Dios se propaga en ti.

Jennie Allen, fundadora de *IF: Gathering* y autora de *Lo que me pidas* y *Nada que demostrar*

Cuando juegas con fuego, de seguro que puedes quemarte o podrías sanarte. Con una cruda sinceridad, Bianca despliega su viaje personal de su tiempo en el lugar más seco del desierto. Su historia de caminar a través de los fuegos de la vida y su refinamiento purificador la llevó a creer que su Dios no solo está con ella, sino que la escucha, la ve y la ama mucho. Descubrió, como lo haremos nosotros, que en el desierto podemos tener abundancia, y que en el fuego experimentaremos la presencia de Dios como nunca antes.

Shelley Giglio, estratega en jefe de *sixstepsrecords* y cofundadora de *Passion Conferences/Passion City Church*

JUGAR CON FUEGO

Descubre la **FE INTENSA**, la pasión **INSACIABLE** y el **DIOS QUE DA VIDA**

BIANCA JUÁREZ OLTHOFF

Unilit

Publicado por
Unilit
Medley, FL 33166

© 2019 Editorial Unilit
Primera edición: 2019

© 2016 Bianca Juárez Olthoff
Título del original en inglés: *Play with Fire*
Publicado por *Zondervan*, una división de *HarperCollins Christian Publishing, Inc.*
(Published by arrangement with The Zondervan Corporation, L.L.C, a division of HarperCollins Christian Publishing, Inc.)
Grand Rapids, Michigan 49546

Traducción: *Santiago Ochoa*
Edición: *Nancy Pineda*
Diseño de la cubierta: *Darren Welsh Design*
Diseño del interior: *Kait Lamphere*

Producto: 495922
ISBN: 0-7899-2470-6 / 978-0-7899-2470-4

Categoría: Vida cristiana / Crecimiento espiritual / General
Category: Christian Living / Spiritual Growth / General

Impreso en Colombia
Printed in Colombia

Para ti, mi querida amiga:
Espero que recuerdes esos sueños que una vez tuviste,
a los que te aferraste de verdad,
que los resucites y que entres con audacia al fuego
que te transformará con mucha claridad.

Contenido

La leyenda del fénix

La oruga que se convierte en mariposa. El patito que se convierte en cisne. La campesina que se convierte en princesa. Desde que era niña, he estado obsesionada con la idea de la transformación. Tal vez se debiera a que deseaba deshacerme de mi piel y emerger como algo diferente, al igual que lo hacen los niños. Sin embargo, en el fondo de mi alma, siempre he creído que el cambio es posible.

En la universidad, leí el ascenso del ave fénix como parte de un proyecto sobre la mitología griega, y una chispa se encendió dentro de mí como un fósforo. Algo sobre la historia de esta ave (que entra al desierto, le grita a un sol silencioso, se levanta de las cenizas para volar a casa), conmovió mi alma y me dio esperanza. La leyenda se ha contado una y otra vez a lo largo de los años y de las culturas. La tradición oral de esta historia se remonta a las culturas griega, egipcia, japonesa, china y persa. Para los primeros padres de la iglesia, como Clemente y Lactancio, el ave fénix era un símbolo de la resurrección, el renacimiento y la renovación. Sin embargo, mientras leía la historia, el fénix era más que una fábula lejana o un símbolo de la fe. Era yo.

Mi vida estaba en llamas y no tenía a dónde ir.

No sé si fue la soledad o el aislamiento del ave, el escondite o el silencio, o el deseo de ser transformada lo que más me impactó, pero me perdí en la prosa de los tiempos antiguos. El mito parecía darme una vista panorámica de mi propia historia. Mientras leía sobre el ave extenuada que viajaba desesperada a un desierto alejado, vislumbré mi propia vida y la promesa de que algún día, me renovaría como el ave fénix.

El mito despertó en mí una realidad que muchos afrontamos. Habrá incendios proverbiales que amenacen nuestras vidas, momentos que nos hagan sentir que desapareció toda esperanza y que nada puede cambiar ni lo hará. Sin embargo, quiero que recuerdes que el fuego que puede ser peligroso es el mismo fuego que puede refinar y transformar. No se trata de nuestras circunstancias; sino de lo que estamos hechos.

En los tiempos más solitarios, tenemos una maravillosa oportunidad de descubrir una deidad que no está lejos, sino cerca; que no es silenciosa, sino que habla; que no es incapaz, sino increíble. Ese es el Dios que me condujo a través del fuego como a Sadrac, Mesac y Abednego para revelar su presencia.

Voy a contarte estas historias, querida amiga, porque creo que podemos ser transformadas en medio del caos, el agotamiento y la confusión. En la fibra más profunda de mi ser, creo que cuando atravesemos los fuegos de la vida, nos elevaremos transformadas. Nuestra transformación no será el resultado del fuego mítico de un sol silencioso como lo fue para el ave fénix, sino que atravesaremos el fuego como Sadrac, Mesac y Abednego. Experimentaremos la presencia del único Dios verdadero, el creador del fuego. A diferencia de los dioses míticos de los tiempos antiguos, Dios escuchará nuestras audaces peticiones de transformación, y nos resucitará a una nueva vida a través del poder de su Hijo, Jesucristo.

Renace de las cenizas...

PRIMERA
parte

Capítulo UNO

La crisis

Esta fue mi crisis de los veinticinco años. Era el año 2003, y yo estaba sentada en el sofá de mis padres, con bolsas de carbohidratos por todas partes, devorando mis penas mientras sintonizaba la televisión del mediodía. Me había graduado de la universidad. Recibí mi diploma con promesa y fastuosidad, solo para conocer la fuerza laboral con rechazo y deflación. Una mujer soltera (por circunstancia, no por elección), me sentía horrible e indeseada. Vivía con mis padres, comía sus alimentos y miraba televisión en su sofá. Estaba en medio de un incinerador, las llamas a mi alrededor, y observaba cómo todas mis promesas se convertían en cenizas.

¿Qué hace una graduada de la universidad cuando está desempleada y ni siquiera puede encontrar una pasantía, aunque esté dispuesta a trabajar gratis? Bueno, si soy yo, se atiborra de papas fritas, se llena la boca con carbohidratos azucarados y, como es obvio, ve a *Oprah*.

Mientras miraba, Oprah le dio la bienvenida a Jacqui Saburido, y cuando la joven entró en el marco de la cámara, me sorprendió. Su piel estropeada estaba ceñida y tensa, delgada como el papel y casi transparente. Sus huesudos hombros con marcas de viruela sobresalían de inmediato, destacando su rostro desfigurado. Después de las presentaciones, en la pantalla se vio una fotografía de una hermosa chica hispana con un largo cabello negro y una sonrisa atractiva cuando Oprah contó la historia de Jacqui. Creció en Venezuela, estudió ingeniería en la universidad y soñaba con hacerse cargo del negocio de manufacturas de su padre, casarse y tener hijos. En 1999, Jacqui se mudó a Estados Unidos para estudiar inglés en Austin, Texas. Un mes más tarde, la tragedia se hizo realidad. Una noche, mientras conducía a casa con algunas amigas, un conductor ebrio chocó con su auto. Las piernas de Jacqui quedaron atrapadas debajo del tablero de mandos, y su vehículo estalló en llamas. Como lo describió un paramédico que estaba en la escena: «Cuando Jacqui se vio envuelta por las llamas, gritaba, gimoteaba y gemía con un sonido casi inhumano que nunca le había escuchado a otra persona».

La piel de Jacqui ardió por casi un minuto antes de que los paramédicos pudieran sacarla del auto. Había quedado irreconocible: se esfumaron su piel, su cabello y su rostro. Estuvo inconsciente diez meses en un hospital. La vida de Jacqui, antes independiente, ahora giraba en torno a los hospitales, médicos y numerosas operaciones necesarias para reconstruir su rostro y su cuerpo.

Cuando Oprah la entrevistó cuatro años después, Jacqui habló de sus sueños y dijo que todavía estaba completa y era hermosa en su mente. «Me siento... por supuesto, no físicamente, pero por dentro... me siento como la misma persona». Esta pequeña mujer con ojos profundos, hundidos, y frágil como un ave, poseía una fuerza palpable. Su belleza interior emanaba más allá de su apariencia externa, y su fuerza interior desmentía su físico de aspecto frágil. Solo se permitía llorar durante cinco minutos al día, y dijo que estaba contenta de haber sobrevivido al accidente.

Jacqui lloraba solo cinco minutos al día, pero yo lloré durante todo el programa. Miré a esta mujer con sus manos desfiguradas, su cuerpo lleno de injertos y su rostro cicatrizado, y asentí con la cabeza cuando Oprah se refirió a ella como la personificación de la belleza y de la fuerza interior.

Jacqui surgió de las cenizas como una sobreviviente.

Escuchar a la mujer valiente que emergió del fuego encendió algo en mí. Despertó mi pasión y me hizo querer renunciar a vivir con cautela. Con el optimismo extraordinario y el celo que caracterizan a los veinteañeros, quise tirar mi bolsa de papas fritas, levantarme del sofá y hacer algo importante. Quería que mi vida la consumiera el fuego de la transformación.

Capítulo DOS

Dios, ¿estás ahí?

Soy el reflejo de mi gente, de los emigrados que creían en el derecho intrínseco a la vida, la libertad y la búsqueda de la felicidad. La familia de mi madre se mudó a los Estados Unidos desde Puerto Rico. Como inmigrante, se enamoró de otro inmigrante de México, y se comprometieron a crear una vida en la selva de concreto del este de Los Ángeles.

Mi padre mantuvo a nuestra familia haciendo múltiples trabajos. Ya fuera colocando baldosas, cortando árboles o trabajando como cocinero en la cafetería de la universidad Azusa Pacific, hizo todo lo que pudo para proveernos. Sin embargo, era difícil alimentar a una familia de seis personas con un solo sueldo, en especial con uno tan bajo como el de mi padre, y para llegar a fin de mes necesitábamos con frecuencia un verdadero milagro, como el de Jesús, que alimentó a las multitudes con cinco panes y dos pescados.

El llamado al ministerio es profundo en nuestra familia, y cuando mi padre sembró una iglesia en Los Ángeles, toda la familia colaboró. Su sueño se convirtió en el nuestro y nos comprometimos a amar a las personas de nuestra comunidad. La mayoría de las personas evitan el gueto, pero mis padres deseaban crear un oasis de esperanza en medio de las calles del este de Los Ángeles. Era difícil y oneroso, pero mis padres servían bien a la iglesia. Los vi hacer malabarismos con la responsabilidad de guiar a las personas, proveer a su familia, enseñar la Palabra de Dios y criar a sus hijos (y a todos los demás niños traviesos que asistían a la iglesia). En esos primeros años de siembra de iglesias, Dios proveyó de maneras asombrosas. No teníamos casa propia, ni siquiera teníamos un automóvil, pero estábamos en presencia y plenitud de Dios, y sabíamos que lo que teníamos era mucho más que tres comidas *gourmet* al día en una mansión con un Bentley en el garaje, pero sin Dios. En medio de la tensión del deseo y de la necesidad, sabíamos que Dios proveería. La vida era hermosa, pero difícil; hermosamente difícil, supongo que podrías decir. A menudo se burlaban de mí y me marginaban porque no tenía ropa elegante (éramos tan pobres que la ropa de moda era un lujo). Recuerdo que estaba en la Escuela Dominical y veía a todas las chicas geniales con zapatillas de L.A. Gear y ropa a la moda. (Hagamos una pausa por un momento de solidaridad sobre lo geniales que eran las zapatillas de L.A. Gear y lamentar el hecho de que ya no existen zapatillas con cordones triples). Yo soñaba con ser lo bastante popular y genial como para pertenecer a la cuadrilla de L.A. Gear. Le rogué a mi mamá por un par de zapatillas de moda, pero me decía una y otra vez que no teníamos dinero para comprarlas.

Mantuve viva la esperanza de esas zapatillas, y un día mágico en *Pic 'n Save*, una tienda de liquidación y descuentos, descubrí un par de zapatillas Michael Jackson L.A. Gear blancas, con tachuelas y cordones triples en un estante vacío. Esas zapatillas eran el sueño vivo de lo que imaginaba que llevaban las personas geniales, y eran de mi talla. Era como si los reinos celestiales se abrieran y el arcángel Miguel* descendiera del cielo haciendo el paseo lunar para colocar las zapatillas más fantásticas en el estante de liquidación solo para mí. Corrí hacia mi madre y le dije que nunca pediría ninguna otra cosa mientras viviera si me compraba las zapatillas. Mientras contenía la respiración, oré en silencio para que dijera que las zapatillas estaban al alcance de nuestro presupuesto. Ese día, salí de *Pic 'n Save* con una bolsa de plástico blanca y me sentí tan rica como el propio Michael Jackson.

Me puse mis nuevas zapatillas el domingo y caminé hacia donde se reunían todas las chicas geniales. Pensé que me aceptarían, que tendría la oportunidad de salir con ellas porque al fin tenía sus mismas zapatillas. En cambio, no había un asiento disponible para mí, y dijeron que no podía sentarme a su lado. Me sentí devastada. Caminé con mis zapatillas Michael Jackson L.A. Gear blancas, tachonadas y con tres cordones hacia una mesa vacía y me senté sola, confrontada por mi mayor temor: nunca tendría lo necesario para ser quien yo quería ser.

Conocíamos la pobreza; conocíamos el aguijón de no ser socialmente aceptados. Aun así, Dios siempre parecía proveer. Un día en particular, cuando el refrigerador y la despensa estaban vacíos, mi madre sacó un papel grande de carnicería y lo pegó a la puerta de la cocina. En la parte superior escribió en letras gruesas y en negritas: LISTA DE ORACIONES. Con sincera humildad y fe audaz, nos dijo que servimos a un Dios que escucha nuestras oraciones y que Él las responde en su tiempo perfecto.

Nos dio a cada uno de nosotros un rotulador y nos dijo que enumeráramos lo que necesitábamos.

- La salvación del abuelo
- Un auto
- Comida
- Un edificio para la iglesia
- Vestidos para Semana Santa (esto era mío, obviamente).

A medida que crecía la lista, derramamos oraciones por cada necesidad. Inclinamos nuestras cabezas, cerramos los ojos y le pedimos a Dios que nos proveyera tal como lo hizo con los hijos de Israel.

Sabíamos que Dios suministró agua, maná, codornices y provisiones diarias mientras los israelitas estaban en el desierto. ¿Por qué no podía Él hacer lo mismo por nosotros? Esa misma tarde, uno de nuestros vecinos tropezó en nuestro portal con una pesada caja de pan, queso, yogur y mantequilla proporcionados por el gobierno. Mi madre recibió con amabilidad la caja de comida y agradeció de manera profusa a nuestro vecino. Cuando cerró la puerta principal, la pesada caja resbaló de sus brazos cansados. Nos llevó alrededor de la mesa del comedor, y dijo, señalando la lista de oraciones: «¡El Señor escuchó nuestras oraciones! ¿Ven? Ya nos respondió». Su fe era inquebrantable, y nos inculcó el tipo de fe que se obtiene a través de la experiencia, que se adquiere a través de la batalla y se revela a través de la perseverancia.

Vimos cómo nuestra madre untaba mantequilla en rebanadas de pan y las colocaba en una sartén caliente. Cortó pedazos del trozo de queso de cinco libras y los colocó sobre el pan asado. La mantequilla burbujeó y llenó la cocina con un aroma tan delicioso, que estoy casi segura de que el mismo Jesús habría salivado al ver esa obra maestra culinaria. (Nota: Si nunca has comido un sándwich de queso a la parrilla elaborado con queso proporcionado por el gobierno, ¡**nunca** has comido un sándwich de queso a la parrilla!). Sacó los sándwiches de la sartén y los puso en nuestros platos. El queso brotaba de los bordes crujientes del pan cuando mi madre cortó nuestros sándwiches en triángulos. Luego nos sentamos tomados de la mano alrededor de nuestra mesa del comedor, frente a nuestra lista de oraciones, y agradecimos a Dios por escucharnos en nuestros momentos de necesidad.

La lista de oraciones (que por fin se respondió en su totalidad), la fe de mi madre, los sándwiches de queso a la parrilla, el vecino amable, el momento señalado de gratitud alrededor de nuestra mesa, todo se combinó a la perfección como la mantequilla, el pan y el queso para formar algo delicioso. El Salmo 34:8 dice: «Prueben y vean que el Señor es bueno». ¡Y déjenme decirles que su provisión supo incluso mejor que esos sándwiches de mantequilla!

Ya sea a través de cajas de alimentos donados, de ropa de la gente de la iglesia o de cheques anónimos enviados a nuestra casa, nuestras necesidades siempre fueron atendidas por un Dios que escuchaba nuestras súplicas. Vi cómo Dios nos proveía de una manera indudablemente sobrenatural. Sin embargo, aun así, mi mente joven no consiguió ver el mensaje en estos milagros: que Dios provee lo que necesitamos cuando lo necesitamos.

ATRACÓN

Aun cuando Dios le proveía a mi familia, yo carecía de la fe de que Él me proporcionaría de otra manera. Encontré consuelo en robar comida y en darme atracones en secreto. Los carbohidratos, el azúcar y las grasas eran mis tres amigos. Me hacían sentir segura. Me atracaba en las despensas, me escondía debajo de la cama con galletas y me iba a comer pan al garaje. Disfrutaba de estas indulgencias privadas.

Tan increíbles como eran los quesos a la parrilla de mi madre, y tan providenciales como pueden haber sido los yogures regalados, comencé a buscar consuelo en la comida. Dios ya no me sostenía ni me daba alegría; en cambio, la comida sí. Cuando los muchachos en el patio de recreo se burlaban de mis rollitos, de mi cintura y mis senos enormes, fingía que no me molestaban sus palabras cáusticas, pero más tarde ahogaba mi vergüenza en un galón secreto de helado o en una bolsa de papas fritas.

Sean Korriega, quien encontraba una alegría especial en burlarse de mí, era el líder de la cuadrilla que me fustigaba en la iglesia. Recuerdo jugar al kickbol después de la Escuela Dominical y patearle un jonrón a Sean, que era el lanzador. Mientras corría con alegría por las bases, veía a Sean y a los chicos deambulando como si les temblaran los pies. Él gritaba mientras yo bordeaba la tercera base: «¡Impresionaaaaante! Cada vez que corres, ¡se siente como un terremoto!

¡Corran por sus vidas antes que Bianca provoque cambios tectónicos en California!». Corrí hasta el *home* y dije que tenía que ir al baño, pero me escondí en el armario de los suministros, y comí galletas con forma de animales que saqué del cubo transparente reservado para la merienda de los niños de preescolar.

La burla no terminó con mi celulitis ni mis rollitos. Cuando tenía once años, mis compañeros se burlaban de mi incapacidad para leer. Cuando tartamudeaba o me esforzaba por pronunciar las palabras, me disculpaba, diciendo que necesitaba mis lentes y que no podía leer sin ellos. De manera inevitable, me encontré metiéndome furtivamente en la despensa con una cuchara y sumergiéndome en un recipiente de mantequilla de maní crujiente.

Aunque fui testigo de la lealtad de Dios para satisfacer mis necesidades básicas, usaba mecanismos de afrontamiento para satisfacer mis necesidades personales inmediatas. Olvidaba con frecuencia las maneras en que Dios respondía a mis oraciones, y comencé a buscar consuelo en otra parte. La comida era mi manera de anestesiar mis emociones y de calmar mi vergüenza. Era mi droga socialmente aceptable.

Antes de que pudiera deletrear la palabra *obesa*, yo pesaba más que mi padre. A mis once años, medía un metro y medio, y pesaba ochenta y dos kilos; ya no estaba *gordita* ni *mullida*; solo era obesa. Un aspecto de la provisión divina de nuestra familia, la comida, se convirtió en mi prisión, y le clamé a Dios con desesperación absoluta.

No puedo decirte lo que generaba mi derrumbe emocional en un día particular, pero puedo decirte lo que comía. La hierba me picaba en la espalda mientras yacía en el suelo, mirando al cielo con un plato de vidrio, cálido al tacto y equilibrado en mi vientre. Las conversaciones que tuve con Dios cuando tenía once años eran vergonzosamente similares a las que sigo teniendo con Él ahora que soy adulta. *¿Me ves? ¿Responderás a mis oraciones? ¿Puedes cambiar esto, por favor?*

Me encontré gritándole a Dios: *No puedo vivir así.* Con el plato caliente que se balanceaba en mi vientre, tomé un pegajoso trozo de *fondue* de gueto y me lo metí en la boca. (Receta: [1] Corta un queso en trozos. [2] Coloca el queso en un plato y llévalo al horno microondas. [3] Caliéntalo durante treinta segundos. ¡Voila! ¡*Fondue* de gueto!). No me gustaba la persona que era, pero no sabía cómo cambiar.

Le supliqué a Dios que se manifestara, que fuera fuerte, que respondiera mis oraciones y me transformara de la muchacha estúpida, gorda, pobre y morena que vivía en la calle Meeker, en una chica que creía que había un plan y un propósito para su vida, una manera de vivir en la plenitud de su fidelidad, una manera de ser una líder y no la última escogida para el equipo de kickbol.

Dios, ¿puedes oírme? ¿Estás ahí? Yo no quería ser la persona que era, pero no sabía cómo cambiar.

* Michael, en inglés.

25

Capítulo TRES

Escogida

La Escuela Dominical era mi refugio seguro, repleto de pequeños escritorios, sillas de plástico y Biblias *Precious Moments*. Era mi lugar para estar con un Dios que estaba ahí para mí. Todos los domingos pasaba la mano por las paredes de los pasillos de la iglesia mientras me dirigía al aula de quinto grado para ayudar al señor Charles a limpiar las pizarras y organizar las sillas antes de la clase.

El señor Charles era mi maestro favorito de la Escuela Dominical. Con sus manos curtidas, su piel oscura como el chocolate y su voz profunda, describía una imagen de Dios que era fascinante. Como guía que nos orientaba en un viaje, su melódica voz de barítono y su leve acento sureño, tan dulce como un poco de miel, nos conducían a una aventura cada semana. No era demasiado animado ni ostentoso como la mayoría de los maestros de la Escuela Dominical, sino como Moisés, quien condujo a su pueblo a la libertad.

Cada semana, el señor Charles escribía peticiones de oración en la pizarra. Y cada semana, yo le pedía que incluyera mi petición: quería viajar a Israel. Al principio, los otros alumnos, e incluso el mismo señor Charles, pensaban que era extraño que una niña pidiera salir del país en algún tipo de peregrinación adolescente. Sin embargo, cada semana mi petición seguía siendo la misma, y cada semana él presionaba la tiza blanca sobre la pizarra verde, garabateando con su escritura, *Bianca quiere ir a Tierra Santa, Israel*. Era tan previsible que, al final, cuando yo levantaba la mano, él asentía y se daba vuelta para escribir mi petición, incluso antes de que yo terminara de hablar. Él sabía lo que iba a pedir antes de hacerlo, y siempre me animó a que le pidiera a Dios lo que necesitaba y quería.

El señor Charles enseñaba las Escrituras del Antiguo Testamento acerca de un grupo de personas escogidas, los israelitas, el pueblo escogido de Dios, a quienes se les llamó a salir de la opresión y se les prometió una tierra de abundancia. Al pasar de la esclavitud al éxito, y de la pobreza a la prosperidad, a los hijos escogidos por Dios se les dio lo que les prometieron: libertad y tierra. El señor Charles, un afroamericano de origen sureño, hablaba con el fervor de su propia realidad. Hablaba de la libertad de Dios, y sonreía como si la libertad fuera un vaso de té dulce en un día abrasador y húmedo.

«Ah, es cierto», decía. «Como hijos escogidos de Dios, ustedes también pueden clamar a Él para que los rescate, y Dios los salvará. No hay *nada* que nuestro maravilloso Dios no pueda hacer».

La palabra *nada* la pregonaba con tanto énfasis que no podía dejar de creerle. Por primera vez en mi corta vida, entendí lo que significaba ser escogida. Significaba que Dios te amaba y quería usarte. Sin embargo, ¿alguna vez me sentí escogida? Siempre fui la última escogida para el kickbol, nunca estuve en primer lugar ni tuve un lugar. Sabía del amor de mis padres, pero nada de ser escogida.

La forma en que el señor Charles hablaba sobre los israelitas, de su Tierra Prometida y de todo a lo que se sobrepusieron para llegar allí resonaba en lo profundo de mi pecho y me dolía en los huesos. No quería ser una esclava de la comida, de mi propia autocrítica ni de las burlas interminables y malhumoradas de los chicos geniales. Yo quería ser libre. Quería llegar al lugar donde residían los escogidos. Quería la Tierra Santa, en Israel. Tal vez, solo *tal vez*, si llegaba allí, yo también sería escogida.

PARA MÍ

Cuando eres el producto de una zona de bajos ingresos, las palabras de afirmación y esperanza de los adultos pueden ser tan escasas como las paredes sin grafitis. Tener un plan y un propósito en la vida parece tan extraño como tener una piscina en el patio o ir de vacaciones a Europa. Sin embargo, me aferré a las palabras del señor Charles y a la fe de mi madre, y comencé a creer que las promesas en la Biblia no solo eran para personas bonitas, refinadas, perfectas e intachables. También lo eran para mí.

Cada noche, mi padre elevaba bendiciones sobre su creciente familia mientras nos llevaba a la cama. Nos besaba en la frente, apagaba las luces del dormitorio, y nos decía que éramos hermosas y amadas. Mi hermana gemela tenía un arnés externo que sobresalía de su boca, yo tenía unas gruesas gafas de carey, y como mencioné antes, las dos pesábamos más que él (no nos juzgues, ¡nuestras pecas eran pesadas!). Aunque no me sentía hermosa ni adorable, le creía a mi padre de la misma manera en que le creía al señor Charles. Sabía que Dios me amaba y que tenía un plan para mí. Así como le creía a mi padre biológico, sabía también que tenía que confiar en mi Padre celestial.

Con el deseo de ser escogida y tener confianza en el amor de Dios, comencé a optar por apropiarme de las promesas de Dios como si fueran mías. Si Dios estaba ahí para mí, yo *debía* haber sido escogida. Si su Palabra era para mí, también lo eran todas las promesas que contenían sus páginas. A pesar de los escarnios, las burlas y las palabras vergonzosas de los chicos de la iglesia y del barrio, desarrollé un nuevo sentido de la fe. Mi vida y mis circunstancias no cambiaron. Mi familia vivía en una casa pequeña sin aire acondicionado al lado de un vecino esquizofrénico que cultivaba y vendía marihuana en su patio. Comprábamos en tiendas de segunda mano y en contenedores de gangas. Los adictos al *crack* que procuraban drogarse irrumpían en nuestra casa y nos robaban. Sin embargo, en medio de esto, a medida que aumentaba mi fe, comencé a *creer* que era escogida. Y supe que me prometieron una vida que parecía diferente a la que vivía. Escribía versículos de la Biblia en un cuaderno rayado de espiral como si estuvieran escritos para mí en especial. Jesús me dijo: «No me escogieron ustedes a mí, sino que yo los *escogí a ustedes* y los comisioné para que vayan y den fruto, un fruto que perdure. Así el Padre les dará todo lo que le pidan en mi nombre» (Juan 15:16, énfasis añadido).

Tal vez fuera desesperación. Tal vez fuera una tontería infantil. Tal vez fuera la verdadera fe. Cualquiera que fuera la motivación, mi yo de once años comenzó a creer que Dios era *para* mí y me *escogió*. Dios quería que yo estuviera en su equipo de kickbol durante el recreo y a su lado, y que me aferrara a sus promesas. Lo creí.

ESCOGIDA

Los hijos de Israel se aferraron a las promesas de Dios incluso cuando las cosas no tenían sentido; así era que lo expresaba el señor Charles. Bajo el yugo del faraón, el gobernante adorado de Egipto, los israelitas soportaron más de cuatrocientos años de esclavitud. Trabajaron sin parar, y los maltrataron y los valoraron muy poco. En cambio, tal como nos enseñó el señor Charles, el libro del Deuteronomio demuestra que Dios escogió a los israelitas para que fueran su pueblo escogido. Entonces, es evidente que ser escogido no significa estar cómodo.

La opresión que experimentaron los israelitas, el abuso que soportaron y el abandono que debieron haber sentido se infiltraron en lo profundo de sus corazones. Sin embargo, esto es lo que sé: el pueblo escogido de Dios le pidió a Él que lo rescatara. Pidió lo que necesitaba.

Es fácil decir esto ahora (¿acaso la visión retrospectiva no es siempre la más clara?), pero cuando clamé a Dios, Él escuchó. Él respondió. En los momentos más oscuros de la depresión en mi infancia, Dios escuchó mis súplicas. Y hasta ahora, cuando la vida es tan seca y estéril como el desierto del Sinaí, Dios conoce mi dolor. Las Escrituras lo dicen de esta manera: «Los israelitas seguían gimiendo bajo el peso de la esclavitud. Clamaron por ayuda, y su clamor subió hasta Dios [...] El SEÑOR le dijo: "Ciertamente he visto la opresión que sufre mi pueblo en Egipto. He oído sus gritos de angustia a causa de la crueldad de sus capataces. Estoy al tanto de sus sufrimientos"» (Éxodo 2:23; 3:7, NTV).

> ENTONCES, ES EVIDENTE QUE SER ESCOGIDO NO SIGNIFICA ESTAR CÓMODO.

UN DIOS MARAVILLOSO

Mientras yacía en la cálida hierba con mi plato de fondue de gueto sobre mi vientre, pensé en los israelitas y en esta promesa. Aunque no experimenté el temblor ni la luz celestial del cielo, sentí algo adentro, como me sucedía cuando el señor Charles hablaba de la libertad; estaba profundo en mi pecho y me dolía en los huesos. Recordé nuestra lista de oraciones en el papel de carnicería hecho jirones y cómo Dios había sido digno de confianza al proveer de manera milagrosa. Entonces, supe que no solo tenía que creer, sino que tenía que *comportarme* como si las Escrituras no fueran solo para personas ricas, esbeltas y que sabían deletrear. Tenía que convertir mi fe en acción de la manera en que me había enseñado mi madre. Tal vez las ricas promesas de esperanza, redención y reparación en la Biblia *fueran* para mí. Yo era la *escogida* de Dios. En un mundo en el que me sentía marginada, inadvertida e ignorada, Él me escogió.

En ese momento, elevé una gran oración, la oración más importante que mi yo de once años podía elevar. Le prometí a Dios que si Él me daba palabras, yo le daría mi voz. No tenía idea de lo que esto significaba en realidad, pero parecía bueno. Fue lo que me impulsó a orar. Confesé que ya no quería ser la chica estúpida, y solo creí que Dios podría ayudarme.

Durante los meses siguientes, mi madre se sorprendió al ver un cambio repentino en mi retención y comprensión de la lectura. No me malinterpretes. Yo no era un genio ni nada por el estilo, pero mis habilidades para la lectura aumentaron con rapidez. Permanecía leyendo en mi cama con una linterna, llevaba libros conmigo cuando mi madre y yo hacíamos diligencias, y prefería leer en casa que jugar con los chicos del barrio (esto no ayudó en nada para disminuir el engrosamiento de mi cintura). Me sentí empoderada cuando vi que sabía leer. Se abrió un nuevo mundo y descubrí que lo que podía leer, también podía aprenderlo. El conocimiento se convirtió en poder, y devoré con obsesión los libros como si estuvieran recién horneados. Iba a cambiar mi vida. Ya dejaría de ser la niña tonta y estúpida.

Aunque mi madre se tomaba en serio nuestra educación, los métodos formales de escolarización no eran su prioridad. Era jipi de corazón, y estaba en una cooperativa de educación en casa (sí, dije cooperativa; ¿no mencioné que era una jipi?). Se suscribía a los principios de «Mejor tarde que temprano» del doctor Raymond Moore, y no le preocupaban las pruebas exigidas por el Estado, mientras nos enseñaba utilizando proyectos de arte y experimentos científicos prácticos en el patio. La primera vez que tomamos los exámenes estatales estandarizados, mi hermana y yo obtuvimos calificaciones vergonzosamente bajas, pero no estoy segura de que a mi madre le preocupara que sus gemelas de once años no supieran leer.

Cuando llegó el momento de las pruebas de aptitud del Estado de California, unos meses más tarde, me senté con nerviosismo en un pequeño pupitre en un salón cavernoso con otros cuarenta niños educados en sus hogares. En mi pupitre había un folleto, un formulario de pruebas de Scantron, y tres lápices bien afilados. Miré a los otros niños en el salón e intenté no pensar que parecían más inteligentes que yo. Golpeé ansiosamente mi lápiz contra el pupitre y elevé una oración rápida. El señor Charles me había asegurado que Dios *sería* fiel. Mi madre me había mostrado que Él *sería* fiel. Dios mismo prometió que siempre *sería* fiel. Le confié de forma encarecida a Él mi aprendizaje y esta prueba. Con los ojos cerrados, le pedí a Dios que me ayudara y me sumergí en el examen cuando la maestra dijo: «Comiencen».

Los resultados de la prueba llegaron por correo semanas más tarde, y esperamos hasta que mi padre regresó del trabajo para abrir los sobres que contenían nuestras calificaciones. Rompí el mío con ansiedad y les leí los resultados en voz alta a mis padres. Confundida, mi madre pidió casi con incredulidad ver lo que estaba escrito en el papel que yo sostenía. No solo había logrado aumentos significativos en los campos de comprensión y retención, sino que también había demostrado el nivel de lectura de una estudiante de undécimo grado. Mi madre me devolvió los resultados de la prueba con orgullo y alegría. Sentí que sostenía una carta del mismísimo Dios. En mi mano había una señal tangible de que Dios escuchó mi oración. Al igual que escuchó las súplicas de los israelitas durante su tiempo de opresión en Egipto, también escuchó la súplica de una niña con grandes sueños.

Giré descalza en la cocina y pasé mis brazos alrededor de la cintura de mi madre sonriente. «Oré para que Dios me ayudara a leer, ¡y Él lo hizo!», grité. Escuché las palabras del señor Charles resonar en mi cabeza: «Ah, es cierto. No hay nada que nuestro maravilloso Dios no pueda hacer».

La canción de mi corazón fue profunda y sincera. En medio de mi dolor y frustración, había esperanza. *Yo era escogida*. «Si me das palabras», le prometí, «te daré mi voz». Allí, en el piso frío de linóleo, bailé en celebración de la fidelidad de Dios y lo alabé a todo pulmón.

Capítulo CUATRO

Reinvención

El año en que comencé la universidad, decidí que sería un tiempo para la reinvención. Para mí, esto significaba perder peso y vergüenza. Aunque las cosas habían mejorado mucho en términos académicos, aún luchaba con mi peso, mi valía y mi deseo agotador de aceptación. Salir de casa era mi oportunidad, pensé, y me esforcé sin descanso para cortar toda conexión con mi vida infantil. Me recordé como en un rito que nadie en el campus sabía que una vez fui una niña analfabeta que compartía un cuarto con mi hermana gemela y que escondía la comida en los armarios cuando nadie estaba mirando. Nadie a quien conociera sabía que yo era pobre ni se burlaba de mí por el lugar donde vivía ni por el color de mi piel. Nadie en mi dormitorio sabía que yo fui testigo de prejuicios contra mi padre por su fuerte acento. En lo más recóndito de mi mente encubrí la sombra de la niña que se escondía debajo de las mantas. Ignoré el recuerdo de mi primera reinvención, mi metamorfosis concedida por Dios a la tierna edad de once años, y continué con mi propio intento egoísta de transformación.

Estaba decidida a parecer impecable por completo. Desde la codificación por colores y la reescritura de mis notas, hasta los grupos de estudio y la creación de tarjetas de notas, estaba obsesionada con mi rendimiento académico. Habría hecho casi cualquier cosa para obtener una A. Y mi comportamiento maníaco no se detuvo ahí. Me obsesioné con hacer dieta y lograr un número difícil de alcanzar en la báscula. Me obsesioné con el control de todos los aspectos de mi vida y creí que de mí dependía garantizar que nadie volviera a burlarse jamás de mí. *Yo* tenía el poder de garantizar que me escogieran primero para el equivalente universitario a un juego de kickbol, y podía hacer dieta (léase: morirme de hambre) para vestirme con ropa elegante y a la moda en lugar de tener que comprar en la sección de tallas grandes de una tienda por departamentos. Nunca más necesitaría usar un mono extra grande de color verde bosque con cinturilla elástica y botones dorados de imitación (lo que era igual a mi atuendo de Semana Santa, alrededor de 1989).

Ni siquiera puedo empezar a recordar cuántas dietas he hecho, pero de veras es un número vergonzoso. La dieta de la cáscara de naranja (hierva treinta cáscaras de naranja durante cinco horas en dos galones de agua y beba el té en las próximas cuarenta y ocho horas). La dieta de la sopa (hierva cada verdura de hojas verdes en un caldero de agua y tome durante ocho días seguidos). La dieta de la carne (la parodia diabólica de mi vida, por la que mis intestinos aún no me han perdonado). La dieta vegana (subí de peso). La dieta líquida (corría al baño cada treinta segundos). La dieta de las píldoras mexicanas (no solo no perdí peso, sino que perdí el sueño, el pelo y el control de mis glándulas sudoríparas). Lo lamentable es que podría seguir.

Intenté controlar cada situación de mi vida con una precisión de microgestión. Perdí veinte kilos, obtuve un estelar promedio general y solo me vestía con la ropa más moderna. Mi trabajo era excelente, mis profesores me amaban y mis becas siguieron llegando. Yo, yo, yo, mi, mi, mi. Yo era la capitana de mi barco, la conductora del vehículo al que llamaba destino, la diosa de mi propia vida.

Estaba segura de que otras personas pensaban que tenía mi vida en orden, y si soy sincera, debo admitir que eso era lo que quería. En cambio, mi corazón sabía que era una trampa. Los elogios, logros y afirmaciones no hicieron nada por mi alma. Mis logros no me satisfacían, nunca me hacían sentir que yo era suficiente, que tenía un propósito o que importaba.

En el fondo, me paralizaba el temor de que un paso en falso hiciera que una trampilla se abriera y una enorme roca cayera sobre mi cabeza. Un error eliminaría la gracia en mi vida y revelaría a la niña asustada debajo que parecía controlarlo todo, pero lo cierto era que no controlaba nada. Depositaba toda la importancia en la provisión, y no en el Proveedor.

Ahora lo veo. A pesar de lo mucho que amaba a Dios, me las arreglaba para dejar de confiar en Él. Sabía que Dios había prometido una tierra con leche y miel para los israelitas, tal como lo dijo el señor Charles, y en algún lugar dentro de mí creía que Él podía proporcionarme esa tierra. Sin embargo, Él no se movía lo suficientemente rápido, y yo trataba de tomar esa tierra por la fuerza.

Las oraciones contestadas y las promesas cumplidas de Dios, esas en las Escrituras y en mi propia experiencia, apuntaban a un Dios que podría traer avances y respuestas. Aun así, los quería en mis propios términos. El monstruo de mi control interno susurraba planes de juego y soluciones rápidas para todo, desde preocupaciones diarias menores hasta estrategias más amplias para lograr mis objetivos a largo plazo. Y cada cosa que decía el monstruo me parecía mejor que confiar en el Señor y esperar con paciencia.

Cuando los exámenes me estresaban, mi madre siempre citaba a Isaías 40:31 («En cambio, los que confían en el Señor encontrarán nuevas fuerzas; volarán alto, como con alas de águila. Correrán y no se cansarán; caminarán y no desmayarán», NTV).

«Sin embargo», respondía yo con tono exasperado y poniendo los ojos en blanco, «¡¿quién tiene tiempo para eso?!». Invité a Dios al viaje que planifiqué yo, en lugar de esperar a que Él me dijera adónde ir. Las líneas de la cintura tenían que reducirse, había que hacer planes, la vida tenía que orquestarse. Dios se pondría al día cuando pudiera, pero yo no iba a esperarlo.

Es una regla tanto cósmica como espiritual: aunque tomar el control parece bueno en teoría, el funcionamiento real falla a la larga. Como dice el adagio yidis: «Si quieres hacer reír a Dios, cuéntale tus planes». Lo que no incluye el refrán es lo siguiente: «Si le cuentas a Dios tus planes, Él podría interrumpirlos y enviarte al desierto».

EL DESIERTO

El desierto proverbial es un lugar solitario y aislado. Muchas personas caen en su expansión infértil debido a una crisis inesperada o a una pérdida imprevista.

Este es tu aviso de dos semanas.

Tu padre y yo nos estamos divorciando.

No te aceptaron.

Tienes cáncer.

Estoy embarazada.

Perdimos la casa.

Ya no te amo.

Con solo unas pocas palabras o una frase concisa, podemos encontrarnos arrancados de nuestras zonas de comodidad y errando por el desierto. Caemos de la estabilidad al desempleo. Nos arrojan de una relación a la tierra de la soltería. Nos marchitamos en el valle del dolor. Aprendemos un nuevo lenguaje médico, nos familiarizamos con las etapas del cáncer, y vivimos con tratamientos más debilitantes que la enfermedad en sí.

No obstante, por cada uno de nosotros que transporten al desierto a través de las circunstancias de la vida, otros lo encontramos a través de nuestra propia voluntad. Intentamos controlar cada resultado. Nos esforzamos por lograr y alcanzar. Nos volvemos autosuficientes, y al hacerlo, nos alejamos del Dios que quiere guiarnos hacia su provisión, hacia sus sendas verdes.

Ya sea que las circunstancias o nuestra propia voluntad nos lleven al desierto, una verdad permanece constante: el terreno es desconocido y aterrador. Es posible que creciéramos escuchando sermones de Romanos acerca de cómo todas las cosas ayudan para el bien de los que aman a Dios, ¿pero en el desierto? En el desierto, cada visión de la provisión es un espejismo, y nos encontramos sin saber cómo hacernos camino por el paisaje. Todos pasamos por temporadas desérticas y tenemos la oportunidad de determinar cómo responderemos. Las frustraciones cíclicas que afronté con respecto a mi deseo de control, al miedo y al ansia de sentirme escogida fueron los catalizadores que iniciaron mi estadía en el desierto. Anhelaba crear mi propia transformación. Quería que me escogieran. Quería tener el control y, siguiendo mi propio camino, me encontré en un lugar seco y agotador. Y no pude encontrar una salida.

¿Qué es el Control? Es una mujer con pelo fabuloso y bíceps definidos. Es la estudiante que saca las máximas notas, la ejecutiva de alto rendimiento. Siempre está dos pasos por delante. Su palabra favorita es sí, y puede ofrecerle resultados a cualquiera.

Y aunque Control es una palabra imposible de precisar, perseguí a esa mujer. Quería ser ella. Pensé que podía ser ella. Seguí la pista de Control: pelo, bíceps, máximas notas y todo lo demás. Les decía que sí a todos. El *Sí* me hacía sentir que tenía el control del resultado y que estos dependían solo de mí. El *Sí* me daba la ilusión de que podía brindar alegría y felicidad a los demás, al igual que a mí misma. *Si aceptas este trabajo exigente, tendrás la libertad financiera que siempre quisiste.* Sí, lo tomaré. *Si copias este ensayo, se te garantizará una A.* Sí, lo haré. *Si pruebas esta píldora de dieta, perderás diez kilos en veinticuatro horas.* Sí, me tomaré esa píldora.

Sin embargo, el Control es manipulador. Promete lo que no se puede tener. Promete la perfección.

Mientras perseguía a Control y envidiaba su aparente libertad, Dios me llamó y trató de recordarme que el Control era mi propia construcción. Lo sé ahora. Al volver la vista atrás, puedo ver que no importa cuán perfecto fuera mi guardarropa, cuán delgada fuera mi cintura ni cuánta educación tuviera, nada me hacía sentir segura. Lo irónico es que no podía *controlarme* fuera de mi propio desierto. Cuanto más lo intentaba, más seco, caliente y desolado se volvía. Dios me observaba mientras yo demostraba que mi plan de microgestión cada segundo de mi vida solo me conducía a una mayor desolación. Él conocía la inutilidad de mis intentos y, como un padre paciente, esperó a que yo entendiera que necesitaba confiarle mi vida.

LA RAÍZ DE TODO

Soy más una clase de chica sobre el nivel de la tierra, pues me gustan las cosas que puedes ver. Las flores, los árboles y la vegetación simbolizan la vida, el crecimiento y la transformación. Sin embargo, el problema con enfocarnos en las manifestaciones externas es que no vemos lo que hay debajo del suelo superficial. Si la estructura de una raíz es poco profunda, nada se mantendrá en pie. Y cuando se seca la capa superficial del suelo, la vida tangible es casi una quimera.

Para sobrevivir y hasta prosperar en el desierto, las plantas deben enviar sus raíces a las profundidades y abrirse paso hacia manantiales ocultos, y encontrar agua que les dé vida. Los humanos no son diferentes. En las estaciones desérticas de la vida, debemos arraigarnos en la bondad de Dios, en ser conocidos y amados por Dios. Necesitamos estar arraigados en nuestras identidades como las creaciones amadas de un Creador misericordioso y divino. Almacenamos estas verdades, permitimos que estimulen el crecimiento, que profundicen nuestras raíces, y que nos hagan florecer incluso en los terrenos más difíciles.

Durante mis años universitarios, me sentía extenuada y agotada luego de intentar construir mi vida perfecta del sueño americano. Las cosas que una vez amé y en las que creí que me prometían libertad (pérdida de peso, dinero y perfección) eran solo raíces superficiales. Pasé tanto tiempo en lo exterior que lo interior estaba desnutrido y marchito. En lugar de creer que tenía importancia y valía porque era amada por Dios, creía que mi valía provenía del hecho de ser amada por los demás y centraba mis esfuerzos allí. Quería florecer con popularidad y perfección, y no soportar la poda que conduce a la madurez. Asumí que tener el control me garantizaría una vida fácil, y cuando resultó ser lo contrario, me encontré pudriéndome en el desierto que había creado a través de mi necesidad de ese control.

Me hubiera gustado considerar la historia de los israelitas en Éxodo 16. El pueblo escogido por Dios erraba en su propio desierto, tenía necesidades espirituales y seguía quejándose de lo que le faltaba. Habían ignorado las instrucciones del Señor para entrar con audacia a la Tierra Prometida, y más bien siguieron sus propias direcciones. Como resultado, vagaron en el desierto inhóspito. Querían la libertad y la Tierra Prometida, pero sus acciones mostraban una falta de confianza en las promesas de Dios. No lograron arraigarse en las promesas de Dios, y entonces sus raíces metafóricas empezaron a marchitarse. Se agotaron, se desanimaron y dudaron de la bondad de Dios, y empezaron a morir de hambre, tanto de manera física como espiritual. Es más, renegaron de Moisés y Aarón, diciendo: «¡Si tan solo el Señor nos hubiera matado en Egipto! —protestaban—. Allá nos sentábamos junto a las ollas llenas de carne y comíamos todo el pan que se nos antojaba; pero ahora tú nos has traído a este desierto para matarnos de hambre» (Éxodo 16:3, NTV).

Eso es melodramático, ¡incluso para una latina!

La verdad es que no fui diferente. Quería salir del desierto, y traté de hacerlo por la vía del perfeccionismo. Me apresuré; *hacer* era más importante que *ser*. Conocía el juego de la iglesia y sentía que hacía bien todas las cosas: Servía en la iglesia, daba el diezmo con regularidad, llevaba un diario y leía *La Biblia en un año*. Sin embargo, para mí era difícil creer que mis obras espirituales eran suficientes, y cuando fracasé, creí, al igual que los israelitas, que moriría sin tener lo que creía necesitar. En esos momentos, me quejaba contra Dios con mis propias rabietas de «¡¿POR QUÉ ME ODIAS?». Cuando me iba mal en un proyecto o no estaba a la altura de una tarea, me desmoronaba. Se dice que si vives por los aplausos, morirás por las críticas. Definía mi éxito, e incluso mi valor, por los juicios y opiniones de los demás. Me sentía devastada por completo cuando esas opiniones eran menos de lo que yo esperaba. En esos días del desierto, me desconecté de la verdadera fuente de vida, y me estaba muriendo, marchitándome en el desierto.

LA DUDA DE LA BONDAD DE DIOS EN EL DESIERTO

El desierto es un lugar solitario, y es fácil sentirse olvidada, invisible o abandonada. En mi desierto, ya no veía (ni me permitía ver) la bondad de Dios, porque había decidido que no era suficiente. Cuando no conseguía lo que quería, o cuando las cosas no marchaban a mi manera, sentía que todos los demás obtenían las cosas que merecía yo. Es fácil sentirse sola en esos momentos áridos y desérticos. Sin embargo, como se promete en Deuteronomio 31:8: «El Señor mismo marchará al frente de ti y estará contigo; nunca te dejará ni te abandonará. No temas ni te desanimes».

Crecer en la pobreza implica inevitablemente el riesgo de vivir el resto de tu vida con una mentalidad de escasez, con un temor crónico de no tener lo suficiente y de aferrarte demasiado a lo que tienes. Durante una recesión económica, mi padre le hizo frente a una temporada en el desierto mientras luchaba a diario para encontrar un trabajo. Aun así, todos los días, tuviéramos ingresos o no, tuvimos suficiente comida para nuestra familia.

Y aquí, durante mis años universitarios, esos miedos me alcanzaron. En lugar de evolucionar y madurar en mi relación con Dios, mezclé mi fe con una dosis de trabajo duro y control, esperando poder tener algo que decir sobre el resultado. El hecho de que tuviera una almohada decorativa en la cama de mi habitación con el Salmo 46:10 bordado no significaba que yo estuviera lo suficiente «quieta» como para reconocer «que [Él era] Dios». Me estaba aferrando a lo viejo, pues temía que Dios no me proporcionara lo nuevo.

En medio de todo el ruido de mi propia pugna, no escuché el silbo apacible y delicado de Dios. Él susurraba: «Estoy aquí. Deja de correr. Te sacaré de esta temporada en el desierto», pero yo era sorda a su promesa de provisión.

SEGUNDA

parte

Capítulo CINCO

Quebrantamiento

Pronto cumpliría veintiún años, y lo que debería haber sido un momento de celebración y emoción estaba cubierto bajo el velo de la presión y el rendimiento. Usaba mi perfeccionismo como si se tratara de un sombrero de fiesta de dos mil kilos.

Mi madre no se había sentido bien en varios meses, y se había reunido con médicos y especialistas para tratar de diagnosticar su enfermedad. Mientras la llevaban de ida y vuelta a las citas, y entraba y salía del hospital, mi hermana gemela y yo compartimos la responsabilidad de cuidar a nuestros hermanos más pequeños. La cocina, la limpieza, la enseñanza, las reprimendas y todas las cosas relacionadas con la madre sustituta se acumularon en mi agenda apretada como estudiante a tiempo completo y entrenadora de natación a tiempo parcial. Mis días comenzaban con entrenamientos antes del amanecer, mientras trataba de mantener mi peso bajo control. Luego, estudiaba y terminaba las tareas antes de un día completo de clases. Tenía una beca académica y estudiaba las veinticuatro horas del día para mantener un promedio de calificaciones perfecto. Apresurándome de manera vertiginosa a las clases, al trabajo, a los grupos de estudio y a los talleres, me esforzaba para mantener la ilusión de la perfección y la promesa de cumplimiento (es decir, que un día sería tan feliz con mi vida que no querría nada más). La lucha por equilibrar las exigencias de la vida y las expectativas académicas era casi más de lo que podía soportar.

Después de las clases, me dirigía a la piscina, donde entrenaba a mi equipo de natación hasta las primeras horas de la noche. Todo el tiempo restante lo pasaba con mi madre enferma y mi familia. Ya fuera dando clases particulares a mis hermanos, limpiando la casa o solo pasando tiempo con mi madre, sentía la presión de todos mis esfuerzos.

Como si la carga de trabajo no fuera suficiente, mi anhelo de ser deseada era abrumador. Estaba en una relación disfuncional a largo plazo. Él era mayor, más inteligente, sabio y genial, y todas las demás cosas que no era yo. Tenía tatuajes y pírsines, y era el cantante principal de una banda en auge. No podía creer que me quisiera. Ese era el problema. Creo que los dos estábamos confundidos acerca de por qué salía conmigo, una universitaria puritana que creía de veras en el uso del champú.

Después de cada ruptura (sí, rompimos varias veces), yo caía en picado, creyendo que la causa de su partida era el ancho de mis muslos o el estilo de mi ropa. Oscilamos como un péndulo, profundamente enamorados o profundamente doloridos, pero siempre parecíamos encontrar el camino de regreso el uno al otro. Lo busqué por afirmación; él me buscó por la estabilidad. Me sentía elegida, justo lo que anhelaba, por alguien que parecía ser deseado por todas las demás. Él se sentía estable porque estaba atado al lugar al que llamaba hogar. Ambos perdimos el enfoque de lo que importaba de veras, y nuestra complicada relación tocó un punto alto, o tal vez debería decir un punto bajo, alrededor de mi vigésimo primer cumpleaños. El hombre que amaba me rompió el corazón en lo que parecía un millón de granos de arena y los dispersó en lo que ya era tierra que se hundía.

Mi vida implosionaba mientras él viajaba por los Estados Unidos con la banda, me llamaba desde nuevas habitaciones de hotel en diferentes ciudades y vivía una vida muy alejada de mi dolor. Yo lo quería cerca, pero él no estaba tan cerca. Le conté cómo me sentía, le expresé mi frustración, le hablé de mi dolor y le supliqué que actuara como un novio. Sus disculpas y promesas las expresaba en tonos muy melódicos, y habrías pensado que cantaba. Me cortejó una y otra vez, convenciéndome para ser la chica pasiva que nunca creí que pudiera ser.

Un día, cuando él estaba de gira y en otra habitación de hotel en una ciudad distante, me llamó para decirme que todo había terminado. Yo tenía demasiado potencial y era demasiado buena para él. O al menos eso fue lo que me dijo. Yo no sentía que tuviera potencial. No me sentí muy bien por él.

Mi vida pendía de un hilo, pero yo seguía luchando por la ilusión de la perfección y trataba de mantener el control. Estaba desconsolada y necesitaba a alguien que me consolara. Mi madre, que era casi siempre una gran fuente de consuelo, estaba cada vez más enferma y no podía cuidarme. Estaba sumida en su propia espiral médica y los médicos aún no sabían por qué. Y así, sin que nadie me diera consuelo, y sin el momento adecuado para llorar, reprimí mis emociones y centré mi atención en mi madre.

Se suponía que llegar a la adultez me haría sentir mayor y lista para comenzar mi vida. En cambio, me sentí perdida y confundida. Cuidaba a mi madre, a unos niños que no eran míos, luchando por mantener las apariencias y tratando a toda costa de perder otros cinco kilos. Sí, estaba en el desierto, pero me aferré a la creencia de que si podía llegar a la graduación, podría transformarme de forma mágica en la mujer que quería ser. Si lograba sobrevivir a esta temporada, me esperaban un ático en el centro de Los Ángeles, mi propia galería de arte y un esposo apuesto.

LA LLAMADA TELEFÓNICA

Me estaba especializando en administración de empresas y estudio de arte, así que un día después de estadística y teoría del color básico, me dirigí al estudio de la escuela. Unas horas más tarde, terminé mi día de trabajo y comencé a retirar la pintura azul, verde azulado y aguamarina que tenía en la piel y las uñas con un paño humedecido en trementina. Mientras lo hacía, mi teléfono sonó. El nombre de *papi* apareció en la pantalla.

—Oye, BB —dijo con su voz cálida y amorosa—. Acabamos de hablar con el médico y quería darte una actualización sobre mamá. ¿Estás sola?

Caminé hasta el rincón del estudio vacío y me senté en un taburete.

—¿Mamá está bien? —pregunté con voz temblorosa.

Una pausa se cernió en el aire; el silencio se sintió como una eternidad.

—Bueno, sí, va a estar bien —dijo—. Solo que los médicos descubrieron algo. Va a estar bien ¡Dios tiene el control! La estoy cuidando y ya programamos citas para los próximos pasos...

Antes de que pudiera terminar la frase, le pregunté de nuevo:

—¿Mamá está bien?

Hubo un indicio de realidad ponderada en la voz de mi padre. Hizo una pausa, suspiró y emitió un tono positivo de seguridad. Dijo de nuevo que iba a estar bien, pero que los médicos descubrieron un cáncer, y el tratamiento comenzaría de inmediato. Mientras más preguntas hacía, más desesperada me sentía. A mamá no solo la diagnosticaron de manera errónea durante los dos años anteriores (tratada por la enfermedad de Graves, por la enfermedad de Lyme, por cáncer orbital y catalogado como «anomalía médica», lo cual condujo a tratamientos experimentales), sino que también perdimos un tiempo valioso de tratamiento.

Meses antes, los médicos le diagnosticaron a mi madre un cáncer de órbita ocular de bajo grado y nos aseguraron que, en general, era el mejor cáncer que se podía tener. Sus tumores se alojaban al final de sus orbitales oculares, y requerirían radiación facial y quimioterapia oral. «El mejor cáncer para tener» parecía la peor manera de hacerte ilusiones, pero confiamos en los médicos y seguimos los protocolos.

Solo había un problema: ella no mejoraba, sino que empeoraba.

Sentada allí en el estudio, sosteniendo el teléfono en mi oído, sentí el aire salir de mis pulmones. Mi padre explicó que el cáncer en sus ojos había retrocedido en su sistema nervioso central y estaba afectando todas las funciones neurológicas. Un cáncer se había transformado en dos; un diagnóstico de bajo grado se había convertido en un cáncer con potencial terminal. Una avalancha de escenas cruzó por mi mente: la incapacidad de mi madre para levantar los brazos, la repentina pérdida de movilidad en sus piernas, la parálisis en su rostro inclinado hacia abajo, la incapacidad de controlar las funciones de la vejiga y el intestino, y todo tuvo sentido de repente. La habíamos tratado por los efectos secundarios de una enfermedad primaria. Habíamos estado peleando la batalla equivocada. El cáncer de mi madre estaba en su cerebro.

DE RODILLAS

Después de despedirme de papá y de colgar, dejé caer mis pinceles, agarré mi bolsa y corrí de regreso a mi dormitorio. Una vez adentro, caí de rodillas y me acurruqué en posición fetal, sollozando sin control.

Recuerdo cada detalle de ese día: el olor de mi dormitorio, el sonido de los estudiantes charlando afuera en el pasillo de abajo, la textura de la alfombra apretada entre mis dedos, el sabor de las lágrimas calientes que corrían por mi cara y mi boca mientras estaba acostada en el suelo. Me acuerdo de todo.

El trauma se filtra en las grietas de la mente a medida que desarrolla raíces sensoriales. Con una simple llamada telefónica, desperté al hecho de que había estado caminando en un desierto de autosuficiencia, confiando en la falsedad de *hacer, hacer y hacer.* Sin embargo, hacer todas las cosas adecuadas no ayudó a mi madre. Los tratamientos, medicamentos y pruebas no habían revelado por qué se deterioraba ante nuestros ojos. Fueron necesarios muchos diagnósticos erróneos y meses de pruebas minuciosas para identificar por fin su enfermedad de manera segura. Fueron varios años de tratamientos, exámenes, visitas al médico y medicamentos, y todo en vano.

Las lágrimas picaron mis párpados. No había visto venir esto. Ninguno de nosotros lo había hecho. Me aferré a la alfombra con todas mis fuerzas cuando el suelo, una vez sólido en el que me encontraba, se convirtió en arenas movedizas.

Grité en la alfombra para silenciar el sonido. Grité con furia hasta que mi garganta estuvo en carne viva. Grité hasta que no tuve nada más que decir. La ira creció dentro de mí como un fuego avivado. Millones de preguntas pasaron por mi mente. ¿Por qué ella, Dios? ¿Por qué mamá? ¿Cómo pudiste hacer esto? ¿Por qué no la curas? ¿Cuándo me oirás? ¿Por qué callas?

Estaba confundida por la forma en que un Dios bueno permitía que les sucedieran cosas malas a personas buenas. Así que, más que confundida, estaba enojada. Nuestra familia lo había sacrificado todo por el evangelio para construir iglesias en todo el mundo.

Mis padres les enseñaron a todos sus hijos a dar con generosidad su tiempo, dinero y amor. Aunque no teníamos mucho, siempre dábamos lo que podíamos. Antes de que mi padre fuera pastor, fue un siervo. Todas las semanas se despertaba en su día libre antes de que amaneciera para reunir a los feligreses de nuestra iglesia y llevarlos a Baja California para construir orfanatos y hogares, y satisfacer las necesidades básicas de las comunidades empobrecidas. Más tarde, dirigió viajes internacionales a México, América Latina y Japón. Tenía el corazón más generoso para quienes tenían serias necesidades físicas y profundas necesidades espirituales. ¿Cómo podía Dios permitir que esta enfermedad golpeara a la esposa de mi padre?

Mientras que papá tenía una pasión global por los que no conocían a Jesús, a mamá le encantaba ayudar a las personas a nivel local. Ya fuera dirigiendo el coro de la iglesia, organizando el ministerio de educación en los hogares u ofreciéndose como voluntaria en las campañas de eliminación de grafitis en el barrio, tenía un corazón para su comunidad. Abrió un hogar para los niños del barrio y organizó un «Club de Buenas Noticias» donde enseñaba historias bíblicas con un franelógrafo y guiaba a todos los niños en un oficio o actividad. Mi madre les entregó su vida a los demás; su corazón era para los quebrantados. Entonces, ¿por qué Dios le pagaba dándole un cáncer? ¿Por qué no le enviaba un cáncer del sistema nervioso central a alguien que lo mereciera? Al menos, ¿no podría haberle enviado un cáncer a las personas que patean perros pequeños y les dicen a los niños que Papá Noel no es real?

Al igual que los israelitas clamaron a Dios por la salvación, el temor que afrontamos en momentos de angustia nos obliga a invocar a Aquel que puede salvar.

El señor Charles nos enseñó que cuando los israelitas fueron esclavizados, clamaron a Dios (Éxodo 2:23). Nos enseñó que nosotros también teníamos la capacidad de clamar a un Dios vivo que nos escucha tal como escuchó a los israelitas. Yo sabía que se suponía que debía clamar a Dios en mi necesidad, pero había ignorado esa enseñanza durante mucho tiempo. Antes del éxodo, al pueblo escogido de Dios lo maltrataron, atropellaron y subestimaron desde el vientre hasta la tumba. Clamaron a Dios desde lo profundo de sus almas y Él los escuchó; Él entendió su dolor y les recordó la promesa que les dio.

Me acuesto en el piso de mi dormitorio encadenada por completo debido al miedo, mi propia forma de esclavitud. Al igual que los israelitas, escapar de esa opresión significaba habitar en mi propio desierto. Al igual que los israelitas, me encontré dudando de mi capacidad para sobrevivir.

Todas las ideas de perfección y aplomo se desvanecieron, y no me importaba si parecía estar loca y desesperada. *Estaba* loca y desesperada. Le grité a Dios, porque no tenía las respuestas, porque no podía controlar la situación y porque había perdido mi capacidad de corregir, luchar y encontrar mi camino hacia lo que quería. Grité en la alfombra, me aferré a los hilos con una ferocidad de nudillos blancos. Acurrucada en el suelo, clamé a Dios desde lo más profundo de mi alma. No quería la vida desesperada que vivía. No me importaba mi concepto idealizado de perfección. No me importaba mi ruptura ni mi corazón roto. Con un susurro áspero, le rogué a Dios que cubriera a mi madre y la curara como solo podía hacerlo Él.

ALAS Y BORLAS

En el Nuevo Testamento, Mateo cuenta la historia de una mujer que padeció de hemorragias durante doce años. Como nadie más podía curarla, ella sabía que no tenía nada que perder al buscar a Jesús en las orillas del mar de Galilea.

Se abrió paso a través de las multitudes luego de encontrarlo. Desesperada y sola, había gastado todo su dinero en remedios, pero nada dio resultado. No buscaba una palmadita en la espalda ni un abrazo de afirmación. Tenía fe en que Jesús podía sanarla. Se abrió paso con valentía a través de la multitud de personas, aunque según la ley levítica, estaba prohibido debido a su enfermedad (su hemorragia la hacía impura y, por lo tanto, la obligaba a permanecer físicamente separada de su comunidad). La ley la habría clasificado como impura, la sociedad la habría expulsado fuera de las puertas de la ciudad y las autoridades judías no le habrían permitido adorar en la sinagoga (Levítico 15:25).

Sin embargo, la mujer no tenía nada que perder. Había oído hablar del Mesías que podía sanar y lo buscó. Dijo: «Si al menos logro tocar su manto, quedaré sana» (Mateo 9:21). Entonces, ¿por qué quiso tocar las borlas de su manto de oración? Esto quizá no signifique nada para una persona que no sea judía, pero con cierta labor detectivesca, creo que podríamos analizarlo. Una borla colgaba en las esquinas del manto de oración y tal vez ella recordara esta promesa mesiánica: «Pero para ustedes, los que temen mi nombre, nacerá el Sol de justicia, y en sus alas traerá sanidad» (Malaquías 4:2, RVA-2015). Tal vez pensara: «Si voy a curarme, será en sus alas (*tzitziot*)». Mostró su creencia en Jesús como el Mesías y confió en que Él la sanaría. Al final de todos los recursos y la lógica humana, no tuvo más remedio que arriesgar su vida, rechazar las normas de la comunidad y buscar la sanidad en Jesús.

Se acercó luego de abrirse paso a través de la multitud y de avanzar entre la gente. Las borlas colgaban en la parte inferior del manto, por lo que debió ser de baja estatura, o quizá hasta estar de rodillas, cuando extendió su mano hacia la prenda. Se sanó al tocar el dobladillo. Sin embargo, después de ese toque, hubo una prueba. Jesús se detuvo, escudriñó a la multitud y preguntó quién lo había tocado. Estoy segura de que los discípulos quedaron absolutamente pasmados por la pregunta, ya que los rodeaba una muchedumbre de personas. Y entonces, en medio de la multitud, Jesús la vio. La mujer con temor, pero con una fe audaz, llamó la atención del Mesías. Jesús le dijo: «Hija, ten ánimo, tu fe te ha sanado. Y al instante la mujer quedó sana» (Mateo 9:22, LBLA).

EL NOMBRE DE JESÚS

Mientras yacía en el piso de mi dormitorio, recordé un día inusualmente cálido en que mi madre, mi hermana gemela y yo salimos de la oficina de correos tomadas de la mano. Hablábamos de cosas que los niños de cinco años consideraban importantes mientras mi madre escuchaba sonriendo. Su vientre de ocho meses de embarazo la hacía tambalearse un poco mientras avanzábamos por el estacionamiento hacia el auto. Entonces, a medida que nos acercábamos, una sirena de la policía interrumpió nuestra conversación. Parecía ser más ruidosa y acercarse con cada segundo que pasaba. Antes de que lo supiéramos, un joven que llevaba una sudadera con capucha azul marino pasó corriendo a nuestro lado con una pistola.

Los autos de la policía se detuvieron en el estacionamiento, y los hombres uniformados se bajaron con precisión militar, esgrimiendo sus armas. Le gritaron a mi mamá que nos subiera al auto. Con fuerza de superhéroe, mi madre embarazada nos metió en el auto y se arrojó sobre nosotras, extendiendo sus brazos a nuestro alrededor como un pájaro despliega sus alas sobre sus crías. Miré a mi madre con miedo y confusión, y los ojos muy abiertos. Escuchamos disparos y gritos, pero mi madre se mantuvo calmada y susurró en voz baja hasta que cesaron los disparos.

«Jesús, Jesús, Jesús, Jesús, Jesús, Jesús, Jesús...». Susurró el nombre de Jesús porque era el único tipo de fuerzas que podía reunir. Por fortuna, era la única fortaleza que necesitábamos. Años después, descubrí por qué nos susurró esas palabras. Leí Romanos 10:11-12 y supe que todos los que ponen su fe en el nombre de Jesús serán salvos. Más tarde, experimenté el poder del nombre de Jesús. Sin embargo, en ese momento de la infancia, me aferré a mi madre, que a su vez se aferró a Jesús.

Con ese recuerdo en mi mente, luchando con miedo y con fe, lo cuestioné todo. ¿El nombre de Jesús era lo bastante poderoso como para salvar a mi madre? Los médicos señalaron que solo tenía un treinta por ciento de posibilidades de sobrevivir y le dijeron a mi padre que se preparara para su funeral, pero traté de creer que Dios podía obrar con ese treinta por ciento. ¿No sanó a la mujer con hemorragias? ¿Las probabilidades no estaban también en su contra? Me senté confundida en medio del caos, pero cubierta por las alas de Dios. Me paré, temblando de miedo, y le pedí a Jesús que protegiera a mi madre. No hubo truenos ni relámpagos, pero mi alma escuchó una voz suave y tranquilizadora. Me susurró:

¿Confiarás en mí? ¿Tendrás fe de que soy bueno, incluso si esto es malo?

No dije nada, pues dudé de haber escuchado algo. Sequé las lágrimas de mi cara, mis manos temblaban mientras buscaban en mi mochila, encontré mis llaves y agarré mi bolso.

> ¿CONFIARÁS EN MÍ? ¿TENDRÁS FE DE QUE SOY BUENO, INCLUSO SI ESTO ES MALO?

Esa noche fui a casa de mis padres, entré por la puerta principal y llamé a mi madre. La encontré acostada en su cama con una expresión de confusión y miedo, y los ojos muy abiertos. Me senté a su lado, y extendí mis brazos a su alrededor como un ave protegiendo a sus crías. Los papeles se invirtieron y susurré: «Jesús, Jesús, Jesús, Jesús, Jesús, Jesús, Jesús...» sobre mi madre hasta que no pude hablar más.

Le susurré el nombre de Jesús sobre ella porque era la única forma de fortaleza que podía reunir. Por fortuna, lo único que podíamos decir era la única fortaleza que necesitábamos.

Capítulo SEIS

Caer

Siempre he sido una luchadora. No importa lo que se me presente, nunca me detengo ni renuncio. En mi mente, soy como Máximo en *Gladiador* o como Demi Moore en *G.I. Jane*. Aun así, lo cierto es que me parezco más a Daniel Ruettiger, de la película *Rudy*, un futbolista suplente del Notre Dame quien, a pesar de tener todo en contra, se esforzó muchísimo y participó en un juego en 1974. Soy una gran trabajadora y me he esforzado para tener mi vida en orden y seguir siempre hacia adelante. Sin importar el obstáculo, nunca me rindo.

Fui capitana del equipo de atletismo en mi primer año del instituto, y nuestro primer encuentro de la temporada transcurrió durante una invitación del distrito. No sé qué fue lo que se apoderó de mí, una *mexi-rriqueña* de poco más de un metro y medio, bajita y que no podía saltar alto, para correr carreras de obstáculos, pero en medio de mi ingenuidad pensé que podía hacerlo. El aire matinal era tan fresco que podía ver cada soplo formando bocanadas de niebla blanca cuando me acomodé en los tacos de salida. A mi izquierda estaba Franisha y, a mi derecha, Aisha, hermanas afroamericanas con muslos del ancho y largo de columnas romanas. Permanecí lista hasta que sonó el disparo de salida.

Corrí hacia la pista con fuerza y con furia tras el sonido de la pistola. Dejando atrás los dos primeros obstáculos y bordeando el recodo, me distraje por lo que parecía ser una gacela que saltaba sobre los obstáculos a mi lado. Miré a mi izquierda y vi a Franisha pasarme con facilidad. Presa del pánico, sentí que mi cadencia se desvanecía. Estaba fuera de ritmo, no podía juntar las fuerzas necesarias para superar el siguiente obstáculo, y la parte posterior de mi rodilla rozó el obstáculo, y caí luego de trastabillar. Tuve que esforzarme para mantener el ritmo.

Me acerqué al cuarto obstáculo sin la confianza y la velocidad que necesitaba, pero esta vez mi rodilla trasera golpeó el obstáculo y caí sobre él. Decidida a no quedar descalificada, me levanté de un salto y corrí hacia el siguiente obstáculo, solo para caer de nuevo. En el sexto obstáculo me caí. Y en el séptimo. Y en el octavo. Y en el noveno. Cuando llegué al décimo obstáculo con las espinillas sangrientas y las rodillas magulladas, levanté la pierna izquierda con las dos manos, me senté a horcajadas en el obstáculo, levanté la pierna derecha, la pasé por encima del obstáculo y crucé la línea de meta mientras las lágrimas corrían por mis mejillas. Hasta el día de hoy, estoy bastante segura de que tengo el récord estatal a la más larga carrera de obstáculos de 300 metros.

Dicho esto, siempre he encontrado una manera de recuperarme, ya sea durante una carrera o en la vida. En cambio, después del diagnóstico de mi madre, me encontré en una temporada de absoluta desesperanza. A pesar de mi resistencia y compromiso para mantener todo en orden, mi vida se desmoronaba. Había tropezado con el último obstáculo y no me levantaba.

Una noche, después de un día completo de clases, conduje a casa porque mi hermana menor, incapaz de procesar la enfermedad de mi madre y la manera en que Dios podía permitir que a las personas buenas les sucedieran cosas malas, se había refugiado en las drogas y el alcohol. Mi padre, amándola de la mejor manera que sabía, empacó dos cajas de sus cosas, las puso en el portal, y luego le ordenó que se marchara. Intenté consolar a mis hermanos más pequeños y explicarles lo que le sucedía a nuestra familia, pero estaban devastados por el diagnóstico de mi madre y por la partida de mi hermana. Después que el polvo se asentó, mi padre, temeroso de perder a su esposa y sintiéndose como un padre horrible, cayó en una profunda depresión. Seguí su ejemplo. Clamé a Dios en un desamparo infinito, lamentándome con tanto dolor que me dolía el pecho. ¿Qué estás haciendo? Por primera vez en mi vida, mi determinación había desaparecido; ya no quería volver a levantarme y correr al siguiente obstáculo. Quería sentarme en la pista y quejarme de todo lo que estaba mal.

A medida que los días se convertían en semanas y las semanas en meses, la lenta quemadura en mi pecho comenzó a hervir. La ira se filtró como gotas de sudor, y no pude ocultar mis emociones. Las palabras del señor Charles me perseguían cuando levantaba un puño enojado a Dios mientras oraba. «Hay una diferencia entre lamentarse y quejarse», explicó Charles. «Lamentarse es decirle a Dios que estás triste. Quejarse es estar enojado con Dios porque estás triste». Así como los israelitas gruñían y se quejaban mientras vagaban por el Sinaí sintiéndose engañados y frustrados, yo vagaba por mi propio desierto, sintiéndome tan perdida como ellos.

Mientras que las chicas de mi edad se casaban o planeaban sus próximas escapadas a playas tropicales con sus cinturas esbeltas, yo susurraba y me quejaba de lo que tenían *todas* las demás, con *quiénes* salían y a dónde iban *todas* las demás. Era un fin de semana de tres días y repetí todas las conversaciones con las chicas en el dormitorio de mi universidad mientras iba a casa para acompañar a mi madre, pues mi padre estaba en un viaje de trabajo.

Primera chica: ¡Voy a ir a Las Vegas!
Yo: ¡Qué divertido! Será muy genial.
Segunda chica: ¡Pasaré el día en la playa porque la escuela
    es muy agotadora!
Yo: Diviértete. Será muy genial.
Tercera chica: ¡Me iré de compras!

Yo: Será muy genial.

Cuarta chica: ¡Me haré arreglar las manos y los pies!

Yo: Genial.

Fingía estar feliz por ellas, pero estaba verde de envidia por dentro. Dejé mi mecanismo de afrontamiento habitual a un lado y me detuve en la tienda de comestibles de camino a casa. Deambulé por los pasillos hasta que encontré la comida menos sana y más adictiva. Después de una chocolatina, una pinta de helado y una bolsa de papas fritas, regresé a casa, me dejé caer en el sofá y ahogué mis penas en la comida mientras mi madre se marchitaba en la habitación de al lado. ¿Quién necesitaba estar con chicos atractivos y divertirse cuando podías relajarte con Ben & Jerry?

Arrastrada hacia las redes sociales, una mirona con un ojo en la vida de todos los demás, justifiqué en mi interior mis celos con autocompasión.

> *¿Cómo se las arregló ella para conseguir novio? ¡Ni siquiera es agradable!*
> *¿Qué tiene él que no tenga yo? Sé que merecía esa promoción más que él.*
> *¿Le pidieron que dirigiera el estudio bíblico? He sido cristiana por más tiempo y ella se va de la iglesia cuando le da la gana.*

Comía y me quejaba, comía y me quejaba. Sin embargo, nada de eso ayudaba, y cuanto más comía, más vacía me sentía.

LA BONDAD DE DIOS

Puedo verlo ahora; mis celos y quejas se reducían al final a una falta de creencia. Dudé de lo que me criaron para creer. Escuché a la gente decir que *Dios es bueno todo el tiempo y que todo el tiempo Dios es bueno*. En cambio, ¿lo era? ¿Era Él un Dios que se preocupaba por mí y por las copiosas cantidades de helado que devoraba para adormecer mi dolor? ¿Se acordaba Él de mí? ¿Cumpliría sus promesas?

Dios realizó milagros en el pasado, ¿pero y si no lo hacía esta vez? ¿Qué pasaría si mis dudas lo alejaban? ¿Qué pasaría si mi fracaso fuera demasiado?

Pensaba en las enseñanzas del señor Charles sobre la Tierra Prometida, en cómo los israelitas llegaron a su límite, vieron su bondad con sus propios ojos, pero no creyeron. Recordé que Moisés envió a un grupo de espías de élite a la tierra, que regresaron con pruebas de la abundancia, a pesar de que tendrían que superar algunos desafíos y obstáculos. Entonces, en lugar de creer en la promesa de Dios, de que vivirían en esa tierra en la que fluye leche y miel, la gente hizo lo que le resultaba más fácil, y tal vez con mayor naturalidad: se quejaron y compararon.

Con los ojos cerrados y los labios apretados, el señor Charles sacudía la cabeza con incredulidad y decía: «Los hijos de Israel podrían haber reducido su viaje de cuarenta años si hubieran confiado en la bondad de Dios». Él tenía razón. Los teólogos calculan que hubiera sido un viaje de once días desde Egipto a Canaán, la Tierra Prometida, pero a los israelitas les tomó cuarenta años llegar allá debido a su incredulidad.

Yo sabía que no quería vagar por tierras salvajes. No quería permanecer desesperada en el desierto. Deseaba la libertad que sabía que Dios les prometía a todos sus hijos. Aun así, tropecé con los obstáculos de la vida, y todas las quejas, comparaciones y consumo excesivo no me ayudaron a recuperarme.

Capítulo SIETE

Retiro

En 2004, llevar el cabello corto causaba furor, y no fui ajena a eso. Sin embargo, aparte de las malas elecciones capilares, también fue el año en que mi madre me invitó a asistir a su retiro anual de mujeres en la iglesia. Los tratamientos de quimioterapia, radiación, esteroides y analgésicos no pudieron evitar que mi madre dejara de asistir a esa reunión. Cada año, vertía su corazón y su alma en la planificación de ese fin de semana, un tiempo reservado para que las mujeres estudiaran la Palabra de Dios, escucharan al Espíritu Santo y se alejaran de las exigencias de la vida. Cada año, rechacé su invitación a asistir. Sin embargo, esta vez no lo hice. Nunca sentí el llamado para el ministerio de mujeres (al que me refería en broma como a la *desgracia de mujeres*). Nada me parecía más horrible que pasar el fin de semana con mujeres menopáusicas que se lamentaban por la crianza de sus hijos y sus recientes modas dietéticas (al menos eso era lo que pensaba que hacían el fin de semana). Entonces, cuando tu madre calva y enferma de cáncer te ruega que asistas a su evento favorito de la iglesia, no tienes otra opción en realidad. Solo dices que sí.

Hice mi equipaje, puse mi mejor sonrisa de hija de pastor, y la llevé a un centro de retiros en el desierto de California. Estacioné mi auto, y cuando entré al centro de registro, escuché a la multitud de mujeres desde la distancia. De inmediato, puse los ojos en blanco.

Esperaba encontrar mujeres entusiasmadas luego de dejar a sus hijos en casa y a sus inhibiciones en el auto. Y aunque había algunas que encajaban en este estereotipo con una perfección dolorosa, *no* esperaba descubrir el poder de las mujeres reunidas en un solo lugar buscando una cosa: escuchar a Dios y estar en su presencia. Eso lo cambió todo.

El crítico cultural Matthew Arnold escribió: «Si alguna vez llega el momento en que las mujeres del mundo se unan de manera pura y sencilla en beneficio de la humanidad, será una fuerza como la que jamás ha conocido el mundo». Cuando me senté en una silla copetuda en la sala de conferencias, tal vez sintiera esta verdad. La música flotaba en el aire como una manta gruesa, cálida, acogedora y cómoda. El grupo de adoración cantó y una sensación de calma invadió la sala. No era algo místico ni espeluznante, tan solo simple y santo. El sol se había puesto, y el recinto estaba tan oscuro como debe estarlo el interior de un capullo justo antes de que se libere la nueva vida en su interior. Algo estaba listo para emerger.

Sin embargo, aun así, me contuve. Tal vez fuera el escepticismo. Tal vez fuera el miedo. En cambio, solo podía sentarme en la parte de atrás y observar cómo oraban las mujeres, adoraban con libertad y sinceridad, y exudaban una fe que llenaba cada rincón de la sala. Se trataba de mujeres viejas y jóvenes, grandes y pequeñas, cuyas apariencias parecían fundirse mutuamente sin atributos o rasgos distintivos mientras se abrazaban, oraban y expresaban palabras de aliento.

Me sentí como una turista en un país extranjero, tratando de integrarme lo mejor que podía, pero no conocía el idioma ni sabía cómo participar en el intercambio cultural de ese momento divino. En el pasado, fui parte de esa cultura. Crecí en esa fe. ¿Por qué había olvidado el idioma? ¿Por qué me sentía tan extraña?

En esta época de silencio de Dios, la esperanza se desvaneció mientras mi voz se sentía en carne viva debido a todas mis peticiones.

Sin importar cuántas veces oraba para que algo cambiara, sin importar cuántas preguntas hiciera, sin importar cómo suplicara, no recibía ninguna respuesta. No quería nada más que escuchar de Dios. Jeremías 33:3 dice: «Clama a mí y te responderé, y te daré a conocer cosas grandes y ocultas que tú no sabes», pero esto parecía como una promesa para otra persona perfecta, refinada y bonita. No para mí, que estaba desesperada y era falible. De seguro que Dios no me respondía porque era mala, estaba quebrantada o demasiado magullada para ser escogida. El estribillo del monstruo de mi control interno repetía: *esfuérzate más, trabaja más rápido, sé mejor*. Lavar, enjuagar, repetir.

La verdad fue que, desde el momento del diagnóstico de mamá, llené mis diarios con garabatos furiosos que iban desde «¡Creo que puedes cambiar esta situación!» hasta «¿Estás ahí?». Me acostaba en la cama y lloraba hasta dormirme mientras escuchaba a mi madre gemir de dolor, su cuerpo librando una batalla constante contra un cáncer sin rostro. Le supliqué un indulto a Dios. Las oraciones salieron de mis labios como avemarías urgentes, y creí que de alguna manera mis acciones o rimas religiosas motivarían a Dios a responderme.

Sin embargo, ahora, en la sala atestada de mujeres llenas de fe, vi que no tenía que esforzarme mucho ni ser mejor; solo tenía que *ser*. Simplemente no sabía cómo.

ESPÍRITU SANTO

Al comienzo del día, antes de la sesión principal de la noche, se realizó un taller opcional sobre el Espíritu Santo. De acuerdo con el folleto de la conferencia, era una manera para que las mujeres aprendieran más sobre el misterioso tercer miembro de la Trinidad y descubrieran los dones naturales y sobrenaturales del Espíritu Santo. Se llevó a cabo durante un descanso en el programa del retiro, así que mientras la mayoría de las mujeres optaron por un baño en la piscina o un capuchino en la cafetería, entré a una gran sala con sillas de color granate y me senté en un círculo con cinco mujeres. Por muy nerviosa que estuviera, quería aprender más sobre los dones espirituales que había leído en la Biblia y escuchar a varias personas debatir.

Al frente de este barco espiritual se encontraba una mujer de cabello blanco, ojos azules y zapatos ortopédicos. Me debatí frotándome las sienes y entrecerrando los ojos, fingiendo la aparición de una migraña para poder irme y evitar el juicio. Entonces, me sentí culpable por reducir a cuatro el total acumulado de mujeres en el taller, así que me quedé. Además, yo era la hija del pastor, y el hecho de irme podría hacerme ver como una mala cristiana que no quería dedicar más tiempo a los asuntos de Jesús. Para ser sincera, la culpa hizo que me quedara.

Kathy, la mujer de cabello blanco, comenzó a hablar sobre el Espíritu Santo de una manera tan personal e íntima que no pude dejar de aferrarme a cada palabra. Lo que parecía tan extraño y lejano comenzó a surtir efecto. Las Escrituras que leyó fueron un bálsamo para mi corazón dolorido. Las promesas de Dios en las páginas que pasó se sentían como el mismo Pan de la Vida que ansiaba mi alma hambrienta.

«Mi presencia irá contigo, y yo te daré descanso». (Éxodo 33:14, LBLA)

«Mi Espíritu permanece en medio de ustedes, conforme al pacto que hice con ustedes cuando salieron de Egipto. No teman». (Hageo 2:5)

«Pondré mi Espíritu en ti, volverás a vivir y regresarás a tu propia tierra. Entonces sabrás que yo, el SEÑOR, he hablado y que he cumplido mi palabra. ¡Sí, el SEÑOR ha hablado!». (Ezequiel 37:14, NTV)

«Hasta que desde lo alto el Espíritu sea derramado sobre nosotros. Entonces el desierto se volverá un campo fértil, y el campo fértil se convertirá en bosque». (Isaías 32:15)

Sus palabras eran como agua para mi alma seca y árida. Estaba cansada de vagar por el desierto y me prometió que el Espíritu Santo podría darme descanso (Éxodo 33:14). La presencia misma del Espíritu de Dios estaba conmigo y no tenía nada que temer (Hageo 2:5). El Espíritu Santo estaba en mí, y podía experimentar la vida en una tierra que era mía para heredarla. Y cuando esto se cumpliera, sabría de seguro que lo hizo Dios (Ezequiel 37:14). Cuando el Espíritu se derramara sobre mí, el desierto se convertiría en campos fértiles, dijo ella, y yo necesitaba saber a toda costa que las zonas áridas de mi vida podrían ver de nuevo este tipo de vida (Isaías 32:15).

No solo quería entender o analizar su fe; quería emularla. Lo que ella tenía, lo que sabía, yo lo quería. Ella estaba viva y era dinámica, y hablaba de una manera que demostraba su relación íntima con Dios. Conocía más que las simples Escrituras o los hechos; conocía a su Salvador en lo más profundo de su alma. Sus ojos brillaban cuando hablaba de Dios, su sonrisa revelaba su amor por Él, y su tono pausado lo gobernaba el Príncipe de paz. Nos condujo a un viaje, ayudándonos a entender al Espíritu Santo, cómo operaba Él y por qué era importante en nuestras vidas. No era muy severa con su uso de la teología, aunque desentrañó y explicó las Escrituras acerca de la Trinidad. Su enfoque estaba en lo que sabía debido a la experiencia, y quería desmitificar al Espíritu Santo.

El taller terminó, y cuando salieron las otras mujeres, me demoré un minuto e intenté tragarme el nudo en la garganta. Mis manos se aferraron con fuerza a los costados de mi silla mientras trataba de controlar mis emociones. Cerré los ojos y me dispuse a no llorar. Sentí una mano en mi hombro, y cuando levanté la cabeza, los ojos de Kathy se encontraron con los míos. Me preguntó si quería orar. Asentí con la cabeza, incapaz de esbozar palabra alguna.

Espesa, lenta y dulce, su oración fluía como la melaza. Oró con una seguridad y autoridad diferente a todo lo que yo había escuchado. Sabía cosas que yo solo expresaba en solitario; oró por mí, revelándole cosas a Dios que habían estado escondidas en mi corazón. Sus palabras no eran condenatorias ni enjuiciadoras, sino sinceras y puras.

Las palabras de Kathy abrieron y expusieron mi corazón, y me sentí como una cebolla humana, apestando cada vez más a medida que se removía cada capa con suavidad. La buena muchacha cristiana que asistía a la Escuela Dominical, que memorizaba versículos y veía lo milagroso ocurrir en su vida, también dudaba de la bondad de Dios, cuestionaba su existencia y perdía su fe en las promesas bíblicas. Era como si Kathy conociera cada uno de estos secretos de manera sobrenatural, viera cada obstáculo con el que me había tropezado y supiera que no podía volver a levantarme. Ella le habló a la mota microscópica de la fe que había en mi alma.

Se inclinó hacia la mitad de su oración, tomó mis manos y dijo: «Dios te escucha y sabe que lo amas».

Eso fue todo. Esa frase me envió al límite, y comencé a sollozar como una adolescente cuyo diario acabaran de leerlo en voz alta frente a toda la escuela. Mis sentimientos conflictivos de alivio y vergüenza se vieron mitigados cuando Kathy dijo una y otra vez: «Dios te escucha y sabe cuánto lo amas».

Más allá del cáncer, más allá del complejo de perfeccionista, después de mis fracasos en las relaciones, me di cuenta de que me había superado la perspectiva de gritarle a una deidad, pensando que ya no me escuchaba. En el fondo, quería creer que Dios estaba ahí, que escuchaba mi llanto, veía mi sufrimiento y podía corregir todos los males, pero había perdido la esperanza y la fe con cada día que pasaba. Le había rogado a Dios que me cambiara, que interviniera en las situaciones que me rodeaban, pero nada cambiaba. Al igual que los israelitas de antaño, había sentido como si mis gritos cayeran en oídos sordos.

Sin embargo, todo pareció cambiar en ese instante. En medio de la quietud, descubrí que Dios no me había abandonado, ni que Él me ignoraba. Yo solo tenía que estar quieta y saber que Él era mi Dios.

EL CRUCE

Éxodo 14 es uno de los capítulos más dramáticos del viaje de los israelitas. Mientras los refugiados hebreos huían de Egipto, miles de guerreros egipcios los perseguían. Los israelitas clamaron a Moisés y se lamentaron de que los llevaran a morir al desierto. Sin embargo, Moisés declaró que no debían tener miedo, pues el Señor los libraría. Y así fue. Esa noche, Dios colocó una nube entre los egipcios y su pueblo para que los israelitas quedaran ocultos. Condujo a los fugitivos al mar Rojo con la luz divina. Allí, llegaron a una muralla inexpugnable.

Sé que tengo una imaginación vívida, pero esto es algo que parece sacado de una telenovela. ¿Pueden visualizar esta escena? Tal vez evocar el drama sea más fácil para mí porque crecí viendo telenovelas con mi abuela. No obstante, piénsalo: esto es más intenso que *Days of Our Lives* y *The Young and the Restless* combinados.

Mientras el faraón se acercaba, el pueblo escogido por Dios levantó la vista para ver al ejército egipcio pisándoles los talones. Los bebés lloraban, los ancianos gritaban, los hombres clamaban y las mujeres se lamentaban. No hay nada en el capítulo que indique que los israelitas estaban tranquilos, serenos y calmados. Es más, las Escrituras indican que «sintieron *mucho miedo* y *clamaron* al Señor» (Éxodo 14:10, énfasis añadido). El pueblo de Dios estaba perdiendo la cabeza, temiendo que los masacraran en el vasto desierto.

Moisés calmó a la multitud aterrorizada, hizo un gesto con sus manos para silenciar sus gritos y dijo en voz alta: «No tengan miedo [...] Mantengan sus posiciones, que hoy mismo serán testigos de la salvación que el Señor realizará en favor de ustedes. A esos egipcios que hoy ven, ¡jamás volverán a verlos! Ustedes quédense quietos, que el Señor presentará batalla por ustedes» (Éxodo 14:13-14).

«Quédense tranquilos». Esto es más que una frase bordada en la almohada de mi habitación; es una instrucción poderosa que se repite en el Salmo 46:10: «Quédense quietos, reconozcan que yo soy Dios». En el idioma original, el significado de *estar quieto* se puede traducir como *rendirse*. Cuando le damos un vistazo al Salmo 46 y a Éxodo 14, vemos que ambos capítulos describen crónicas y batallas, y contienen gritos resonantes y desesperados por ayuda. Sin embargo, el vértice y el ancla de cada capítulo es la carga de *estar quieto*.

La esencia de estos pasajes es clara: la batalla no es nuestra para librarla. El cáncer de mi madre no era mi lucha; solo necesitaba rendirme al Dios que todo lo sabe y que tiene el control de todo. Como nos recuerda el Salmo 46, Dios es nuestro amparo y nuestra fortaleza, una ayuda segura en momentos de angustia. Debido a que sabemos que Él tiene dominio sobre todo, así como Moisés sabía que Dios cumpliría su promesa de liberar a su pueblo, confiamos en Dios, sabiendo que Él es nuestro salvador, nuestro libertador y nuestro protector.

Cuando deponemos nuestro control, no solo le entregamos a Dios nuestra fe, sino también nuestro miedo. No tenemos que preocuparnos por las personas que quieren silenciarnos, oprimirnos ni esclavizarnos. Solo necesitamos mantenernos firmes en las promesas de Dios y descubrir que Él es poderoso para salvar (Sofonías 3:17).

EL SILENCIO

La idea de la quietud, del silencio, me asustó. Durante meses había estado llenando de forma activa el silencio con la acción, esforzándome por incitar a los cielos para que Dios me hablara. Quería que Él me prometiera que todo saldría bien y sería perfecto, porque yo era una buena cristiana que había hecho todas las cosas como es debido, y que todas las cosas eran para nuestro bien según Romanos 8:28, ¿verdad?

En los años previos a este momento en el retiro de mujeres, leí *La Biblia en un año* cinco veces seguidas, esperando leer algo profundo y que cambiara mi vida. Escribí una oración tras otra y llené las páginas de mi diario. Enseñé estudios bíblicos y fui líder en el ministerio de jóvenes. Hacía bien todas las cosas. Podía marcar todas las casillas y cumplir con cada una de mis obligaciones religiosas. Aun así, faltaba algo todavía; algo estaba apagado. Conducía por la carretera en segunda velocidad y me movía, pero no a toda velocidad.

Me sentía como el ave fénix mitológica que cantaba canciones en el desierto, rogando para transformarse en algo nuevo. Quería deshacerme de la temporada en la que estaba como piel envejecida, como si fuera un capullo. Quería que todo en mi vida se consumiera. Nada parecía encajar. Leí Apocalipsis 21:5: «¡Yo hago nuevas todas las cosas!», y me aferré a esas palabras porque quería a toda costa que fueran verdad en un momento en que parecía que no podían ser más falsas.

La vida de mi madre se nos escapaba aún; mi hermana menor seguía consumiendo drogas y viviendo peligrosamente con algunas amigas; yo estaba sola en el ministerio, el amor y la vida; y no quería otra cosa que tirar la toalla. Era demasiado, y el silencio de Dios me hacía dudar de su capacidad para rescatarme del desierto.

El desierto inhóspito no solo es para los rebeldes y los desamparados. El apóstol Pablo estuvo tres años en el desierto y salió dispuesto a proclamar la verdad del evangelio. Moisés pasó más de treinta y ocho años en el desierto y guio al pueblo de Dios a través de tiempos difíciles. Abraham fue un nómada en el desierto. Incluso Jesús pasó cuarenta días en el desierto inhóspito. Y tanto Job como el rey David usaron un lenguaje crudo y sincero para describir sus experiencias en el desierto: «Dios mío, Dios mío, ¿por qué me has abandonado? ¿Por qué estás tan lejos de mi salvación y de las palabras de mi clamor? Dios mío, de día clamo y no respondes; y de noche, pero no hay para mí reposo» (Salmo 22:1-2, LBLA). «Clamo a ti, y no me respondes; me pongo en pie, y no me prestas atención» (Job 30:20, LBLA).

Algunos ateos dirán que Dios parece guardar silencio debido a que está ausente. En las épocas de sufrimiento silencioso, podemos sentirnos tentados a creer esta mentira. Sin embargo, lo que experimentamos como la ausencia, la distancia o el silencio de Dios solo es un problema de percepción. De la misma manera en que podemos experimentar el mundo como plano aunque caminemos sobre una enorme bola giratoria, podemos experimentar a Dios como ausente o distante aunque Él esté muy cerca de nosotros.

Dios no estuvo ausente, silencioso ni indiferente con Job ni el rey David. En cambio, así les pareció a ellos en ese momento. Lo cierto es que Dios tampoco guardó silencio con respecto a mí en los días de mi desierto. Cuando me sentí más desamparada por Dios, no lo estuve (Hebreos 13:5). Solo me llamaron a confiar en su promesa por encima de mi percepción.

¿POR QUÉ EL SILENCIO?

Entonces, ¿por qué tiene que sentirse así? ¿Por qué se percibe el silencio? ¿Por qué puede parecer que Dios jugara con rudeza o me ignorara cuando grité pidiendo ayuda y le pedí que sanara a mi madre durante casi tres años?

Mi intención no es entender todos los misterios de Dios, pero creo que todas las épocas tienen un propósito y una razón, incluso las del desierto. Estas son algunas de las preguntas que nos ayudan a definir nuestra fe en épocas de silencio, preguntas que quizá nos ayuden a reconocer la belleza de las tierras resecas y los vientos áridos del desierto:

¿Por qué el agua es mucho más refrescante cuando estamos muy sedientos?

¿Por qué casi nunca estoy satisfecha con lo que tengo, sino que siempre deseo más?

¿Por qué es que «la ausencia hace que el corazón sienta más cariño», pero que «la familiaridad genera desprecio»?

¿Por qué la idea de que se nos niegue el matrimonio, los hijos, la libertad o el cumplimiento de algún otro sueño puede producir en nosotros una desesperación que no sentíamos antes?

¿Por qué la búsqueda de logros a menudo es más placentera que el logro en sí?

¿Por qué la carencia, la adversidad, la escasez y el sufrimiento a menudo originan las mejores cualidades de nuestro carácter, mientras que la prosperidad, la comodidad y la abundancia suelen producir lo peor?

Hay un patrón invisible en el diseño de la carencia: la carencia hace aflorar el deseo. La ausencia lo aumenta. Y cuanto mayor sea el deseo, mayor será nuestra satisfacción a la larga. A través del dolor es que conocemos la dicha del consuelo (Mateo 5:4). Los hambrientos y los sedientos se saciarán (Mateo 5:6). El anhelo nos hace pedir; el vacío nos hace buscar; el silencio nos hace llamar (Lucas 11:9). En ese retiro de mujeres fue cuando comencé a llamar en serio. Fue allí donde descubrí lo hambrienta que estaba de veras. Allí, escuché las palabras de una mujer llena de fe que dijo: «Dios te escucha». Creer en esa verdad fue el comienzo de mi camino para salir del desierto.

Capítulo OCHO

Dios escucha

El auditorio estaba lleno para la sesión nocturna en la segunda noche del retiro. Kathy nos habló del libro de Efesios acerca de la fe y de estar arraigados en la Palabra de Dios. Al final de su enseñanza, invitó al equipo de adoración a guiarnos en un tiempo de adoración y espera. De espera, dijo ella, para que Dios nos hable de manera individual y colectiva.

Esa noche escuché a las mujeres clamar por liberación, buscar la dirección de Dios en la vida, interceder por sanidad y creer en Dios para lo imposible.

Mientras observaba a las mujeres que iban a orar, permanecían en adoración y clamaban al Señor, supe que cambiaba algo dentro de mí. Las mujeres de la iglesia en la que crecí me rodearon. Vi sus vidas y supe lo que muchas de ellas soportaron. Algunas tenían cicatrices emocionales; otras perdieron a sus seres queridos; algunas más tuvieron enfermedades o dificultades financieras. Sobrevivieron a sus propios fuegos, y salieron más fuertes y hermosas debido a su sufrimiento. Sus cicatrices atestiguaban su supervivencia. Permanecieron en un acto de adoración desafiante. Nada, ni el dolor, ni la enfermedad, ni la carencia, ni el deseo, les impidió creer que Dios ha sido, es y será capaz de hacer cosas imposibles. En un momento de claridad, me di cuenta de que el fuego que creía que destruía mi vida la refinaba en realidad.

Esas mujeres afrontaron obstáculos aparentemente insuperables, al igual que los israelitas que le hicieron frente al mar Rojo. Sin embargo, atravesaron sus propias épocas desérticas de miedo y vergüenza. Recibieron liberación al igual que los israelitas.

EN UN MOMENTO DE CLARIDAD, ME DI CUENTA DE QUE EL FUEGO QUE CREÍA QUE DESTRUÍA MI VIDA LA REFINABA EN REALIDAD.

Consideré este pasaje: «Los ojos del Señor recorren toda la tierra para fortalecer a aquellos cuyo corazón es completamente suyo» (2 Crónicas 16:9, LBLA). Dios les demostró su bondad y amor a estas mujeres, y les expone las maravillas de su Palabra. Y ahora, sus ojos miraron a quienes habían visto su bondad. Yo quería ver, conocer, sentir y escuchar a este Dios. Quería mi propia liberación del mar Rojo.

Kathy se paró al lado del equipo de adoración y dijo palabras de verdad, palabras de profecía y palabras de aliento para las mujeres en ese auditorio repleto. Sus palabras eran conocidas, pero se sentía como si expresara ideas y pensamientos que venían directos del cielo, lo cual me confundió. Crecí en un hogar teológicamente conservador, por lo que no tenía un buen contexto para comprender los dones proféticos (¡¿QUÉ SIGNIFICAN LOS DONES PROFÉTICOS?!), pero Kathy siguió trayendo todo de nuevo a las Escrituras. Decía que tenía una palabra de conocimiento o una exhortación (como lo mencionó Pablo en 1 Corintios 12; consulta el apéndice para más información sobre los tipos de dones), y luego explicó qué dones espirituales se estaban utilizando o citó una Escritura para respaldar su afirmación.

Abrió su Biblia y leyó los pasajes en voz alta, proclamando promesas particulares sobre estas mujeres, para personas particulares en situaciones diversas. Se concentró en los jóvenes descarriados, la salud, el ánimo y las promesas de Dios. Soy escéptica por naturaleza, y observaba con cautela mientras las mujeres se ponían de pie para orar cuando Kathy preguntaba si un versículo o palabra profética en particular estaba dirigido a ellas. Pensé para mis adentros al fondo de la sala, lejos de la mayoría de las mujeres: *Todo esto podría ser una broma. ¿Cómo sabemos que estas palabras de profecía y promesas de sanidad están dirigidas a estas mujeres? ¿Es esto incluso real?*

Mientras observaba con escepticismo el recinto, escuché a Kathy leer un versículo acerca de la sanidad mientras se llevaba una mano a la garganta. Dijo que sentía algo en su garganta y que alguien necesitaba curarse por un problema específico en esa parte del cuerpo. La mujer frente a mí se inclinó hacia su amiga y dijo: «Dios me habló y escuché lo mismo».

¿Por qué todas escuchaban a Dios, pero yo era espiritualmente sorda? ¿Era yo una mala cristiana? ¿No tenía fe? ¿Me estaban castigando? ¿Mi vacilación y escepticismo me descalificaban para jugar con las chicas grandes?

Kathy no hizo que la noche girara en torno a ella. Nunca dijo que iba a sanar a las personas ni a orar por ellas; sabía que el cuerpo de Cristo era más fuerte de lo que cualquier individuo podría serlo nunca. Mientras permanecía sentada en ese recinto oscuro, de repente pensé en Tasha Gómez, una chica de mi grupo de jóvenes que cada semana iba a nuestra casa para pedirme que orara por su madre. Semana tras semana, se reunía conmigo después del servicio para orar por su madre hasta que por fin le diagnosticaron cáncer de tiroides y le programaron la operación para la próxima semana. Lo siguiente que supe fue ver a la madre de Tasha al otro lado del auditorio y dirigirse hacia adelante para orar. No tenía idea de que ella había asistido al retiro. *Solo es una coincidencia*, pensé para mis adentros. La mujer por la que había estado orando, la que acaban de diagnosticar con cáncer de tiroides, estaba en el retiro y, por casualidad, Dios le contó el secreto a Kathy. El Espíritu Santo le reveló que alguien en ese recinto necesitaba una sanidad específica, y lo expresó con fe.

Solo es una coincidencia. Sin importar cuánto me convenciera para que creyera que todo era aleatorio y casual, no pude dejar de creer que Kathy tenía razón, que Dios quería hablarnos de veras tanto de manera individual como colectiva.

Lo que no sabía en ese momento era que la familia Gómez estaba lidiando con mucho más que el cáncer. El padre de Tasha era un alcohólico en el clóset, y su hermano entraba y salía a cada momento de la cárcel. Sin embargo, Tasha permaneció junto a su madre y oró con devoción para que hubiera un cambio en su hogar. Aunque sabía que Dios podía curar a su familia, el cáncer de la señora Gómez fue el golpe que no vieron venir. El padre de Tasha, devastado por el diagnóstico de cáncer, dejó de ir a la iglesia y de creer en Dios.

El martes después del retiro, recibí una llamada telefónica de Tasha. Los médicos estaban confundidos y necesitaban hacer más pruebas. La desesperación en su voz y sus palabras temblorosas me recordaron a Kathy en el retiro. En mi mente, regresé al auditorio y vi a Kathy tocar su garganta y orar con fe por sanidad. Le dije a Tasha que nos veríamos al día siguiente en el grupo de jóvenes y que mantendría a su madre en mis oraciones.

La noche siguiente, Tasha fue a nuestro antiguo santuario de jóvenes, que olía a adolescentes (una mezcla de aerosoles azucarados para el cuerpo, papas fritas y olor corporal pubescente) y corrió hacia mí. Dijo, mientras las lágrimas le corrían por su rostro y sus ojos irradiaban asombro: «B, ¡desapareció! ¡Los médicos no pueden encontrar el cáncer! ¡Mi mamá se sanó!». Me abrazó, y nos reímos hasta llorar, y luego lloramos hasta reír.

Sin embargo, más milagrosa que la sanidad sobrenatural de la señora Gómez fue la transformación sobrenatural del padre de Tasha. Se resintió varios meses con la familia porque asistían a la iglesia y recurrió al alcohol para aliviar su dolor. Entonces, después de la sanidad de su esposa, el mismo hombre que negó la existencia de

Dios fue a la puerta del santuario de jóvenes y le pidió a nuestro pastor que orara con él. Agarrando su chaqueta en una mano y la Biblia *Precious Moments* de niños en la otra, preguntó si Dios era lo suficientemente poderoso como para sanarlo a él también.

Permanecí allí impactada y asombrada, y recordé la noche del retiro. Dios estaba en acción. Lo sentí, lo escuché, lo supe, lo vi.

No quería analizar en detalles la fe de Kathy; quería emularla. Lo que ella tenía y sabía, yo lo quería para mí. Quería más de eso.

Capítulo NUEVE

Espíritu Santo

En el último día del retiro, el equipo de oración llamó a mi madre al frente de la sala. Una de las líderes empujó su silla de ruedas, y las mujeres colocaron sus manos sobre su cuerpo y comenzaron a orar. En un hermoso momento de espontaneidad, las mujeres de todo el auditorio se pusieron de pie, caminaron hacia el frente, donde estaba sentada mi madre, la rodearon y comenzaron a orar en voz alta. La cadencia de sus voces llenó la sala, y observé mientras clamaban a Dios por un milagro. No recuerdo lo que se dijo, pero sí lo que sentí: esperanza.

Aunque no sentí un cambio metamórfico ni escuché la voz audible de Dios, supe que despertaba mi fe; algo dentro de mí quería el cambio. Se desmoronaba la fachada y se adelgazaba el recubrimiento; yo necesitaba una transformación. No solo quería escuchar otra vez de Dios, sino que también quería creer en sus promesas. Si Él pudiera hacer que lo viejo fuera nuevo, lo muerto vivo y lo torcido derecho, yo quería creer que Él podía transformarme en la persona que estaba destinada a ser. Mientras mi madre volvía a hablar del fin de semana durante nuestro viaje por el desierto a casa, oré: *Dios, obra en mí.*

El sol del desierto nos golpeó mientras mi madre y yo regresábamos a casa desde el retiro, y la tierra vacía se extendía a nuestro alrededor en la distancia. Mi madre disfrutaba trabajar el fin de semana y conversaba sobre lo feliz que estaba de que las vidas de cientos de mujeres hubieran sido impactadas para siempre. Con cada pizca de su ser, creía que habíamos progresado, de maneras grandes y pequeñas, hacia una nueva comprensión de quién es Dios y de su inmenso amor por nosotros.

Tal vez tuviera razón. Escuché, vi y sentí que algo sucedía durante esa reunión de mujeres. Había una brasa ardiente que encendió la fe colectiva, y esta nueva fe despertó espiritualmente incluso a la más acérrima de las incrédulas (es decir, a mí). Aunque no teníamos una columna de fuego que nos llevara a través del desierto como a los israelitas, se encendió un fuego en mi corazón. Jesús dijo: «El ladrón no viene más que a robar, matar y destruir; yo he venido para que tengan vida, y la tengan en abundancia» (Juan 10:10). La paráfrasis de la Biblia en inglés contemporáneo llamada *The Message*, lo expresa con mayor claridad: «Vine para que puedan tener una vida real y eterna, más y mejor vida de la que hayan soñado jamás». Mejor que nuestros mejores sueños... ¡qué promesa! Y si traducimos este versículo del griego, dice que Jesús vino a darnos vida *abundante*.

Mientras crecía, no tenía un modelo sólido de vida abundante, pues muchos cristianos a mi alrededor vivían de diversas maneras. Algunos buenos cristianos que creían en la Biblia vivían en una crisis constante. Otros llevaban vidas de escasez en las que todo lo que tenían era *apenas* suficiente para arreglárselas. Sin embargo, los cristianos más tristes eran los que creían que no podían tener alegría. Tenían *apenas* lo suficiente de Dios para perdonar sus pecados, pero no lo suficiente como para curarlos del dolor emocional, físico o relacional.

Entonces, ¿vino Jesús a darnos una vida *apenas suficiente*? No. Abundante significa *más* que suficiente. Vemos que la palabra *abundante* se usa en otros pasajes para transmitir la misma cosa; es más de lo que podemos pensar o imaginar (Efesios 3:20). Escuché esta verdad muchas veces, ¿pero la había experimentado?

Mientras conducía a casa con mi madre después del retiro, alimenté una creciente comprensión de la vida abundante. Estábamos en el desierto tanto de manera física como metafórica. Me quedé mirando la cabeza de mi madre, que una vez estuvo llena de gruesos cabellos rojos, su cara hinchada y sus ojos con ictericia, y vi la abundancia. En su estado más frágil, ella creía en un Dios que era *más* que suficiente.

Estaba extenuada y agotada, pero poseía *más* que amor suficiente, *más* que alegría suficiente y *más* que esperanza suficiente. Tenía la abundante presencia de un Dios vivo. El cáncer atacó su cuerpo, pero no pudo llegar a su alma. Su cuerpo se deterioraba, pero su espíritu crecía en fortaleza. A pesar de su enfermedad, quería dirigir el retiro porque nada iba a impedirle crear una experiencia para que las mujeres aprendieran sobre Dios y lo escucharan, incluso si en esto se le iba su último aliento. Y ella no era la única con esta mentalidad.

Durante todo el fin de semana estuve con mujeres que tenían dolores y problemas de la vida real, pero que daban a partir de un depósito interno que era más que suficiente. El hijo de Cindy era drogadicto. El esposo de Sylvia padecía diabetes. La mamá de Donna estaba en el hospital. El esposo de Mary falleció. Y, sin embargo, estas mujeres se comprometieron, año tras año, a dar a partir de un depósito esculpido por el dolor, pero llenado por Dios. El Espíritu Santo llenó lo que les vació la vida.

Las mujeres con las que pasé ese fin de semana no eran millonarias, pero tenían más que suficiente para compartir. No tenían mansiones, pero les ofrecían sus hogares a personas necesitadas. Administraban sus trabajos, familias y agendas apretadas, pero tenían tiempo más que suficiente para ayudar a las personas que sufrían.

Mientras conducía a casa con mi madre y pensaba en todo esto, me di cuenta de que una vida abundante está llena de significado y contentamiento...

llena de designios y propósitos...

llena de felicidad y paz...

... incluso en medio del dolor, de la enfermedad y del deseo.

Dios quería la vida abundante para mí; era el tipo de vida para la que me creó Dios, el tipo de vida que vino a dar Jesús. Aun así, la vida abundante no significaba que tuviera que evitar el desierto. Significaba que podía experimentar la abundancia *en medio* del desierto. Ahora veo eso, y sé que de nuevo será cierto. Y esa promesa, la promesa de la vida *más que suficiente*, es hermosa incluso en el desierto.

DE VUELTA A CASA

El camino, polvoriento y seco, se extendía delante de nosotras. Regresaba a casa físicamente, pero también me dirigía allí con el corazón. Anhelaba estar en un lugar donde Dios me hablara. Nunca dudé que Él pudiera hacerlo; solo cuestioné si lo haría. La esperanza que empecé a sentir en mi pecho era sobrenatural. Sentí que se acercaba una resurrección. Me sentí como un ave fénix emergiendo de las cenizas del desierto.

A los israelitas se les prometió una tierra donde se desbordaba la leche y donde abundaba la miel. Serían prósperos y aumentarían en número. Ya no los oprimiría la mano de la esclavitud. Vivirían en la tierra y recogerían su cosecha. Así como Jesús nos prometió el Espíritu Santo, Dios les prometió la tierra a los hijos de Israel. Y cuando Dios hace una promesa, Él no se echa atrás.

Recuerdo las historias del señor Charles, cómo nos hablaba de los israelitas que marcharon día tras día, sus zapatos no se desgastaron y su ropa aún se veía nueva. Sin embargo, ¿no se cansaron? Nos contó cómo rodearon la misma montaña una y otra vez. El desierto era su campo de pruebas. Si podemos sobrevivir a las circunstancias difíciles (estar perdidos, poner en duda las provisiones, recorrer un terreno desolado), podemos sobrevivir a pruebas y momentos de malestar aún mayores.

¿Qué mantuvo a los israelitas caminando durante cuatro décadas? ¿Qué les hizo avanzar? Me imagino a Moisés dirigiendo a la gente con una voz grave y profunda como la de Russell Crowe en *Gladiador*. Grita con su piel coriácea por el sol, y el cabello despeinado por los vientos del desierto: «¡Hemos llegado demasiado lejos para rendirnos ahora! Debemos seguir adelante. ¡Debemos hacerlo!». Y entonces acampaban y seguían la columna de nubes durante el día y la columna de fuego durante la noche.

A los israelitas se les garantizó la Tierra Prometida, y en su viaje por el desierto vemos las dificultades que tuvieron para llegar allí. Era su hogar, aunque aún no habían cruzado sus fronteras. Lo sabían. Sabían que sería increíble. Incluso sabían que Dios se las daría. Sin embargo, no habían experimentado su plenitud. La Biblia se refiere en más de ciento sesenta ocasiones a la tierra como a la de los israelitas, que se les prometió desde varias generaciones atrás.

Una y otra vez, desde el Antiguo Testamento hasta el Nuevo Testamento, vemos a Dios hacer promesas y cumplirlas en su propio tiempo divino. Esta sigue siendo nuestra esperanza.

Durante mi propio viaje a casa, tuve que cumplir con la promesa que me dieron: el Espíritu Santo no solo estaba *conmigo*, sino que estaba *en* mí y me *daba el poder* para que hiciera lo que Dios me llamó a hacer. Me di cuenta de esa verdad en la carretera, con mi madre parloteando en el asiento del pasajero.

DE LA PROMESA A LA PRESENCIA

¿Podemos hablar un minuto del riego? ¿O debo decir del «griego»? (Sé que el sentido del humor de mi educación en casa es demasiado para manejar). Las Escrituras usan sobre todo tres palabras griegas para hablar sobre el Espíritu Santo: *para* (al lado), *en* (en) y *epi* (sobre). La tercera palabra es mi favorita porque es cuando el Espíritu Santo pasa de estar *junto* a nosotros o *en* nosotros a *sobre* nosotros. (Tal vez se deba a mi amor desmedido por las mantas con mangas y las colchas, ¿pero no parece INCREÍBLE?).

Según Hechos 2, el Espíritu Santo pasó de una promesa a una presencia. Jesús prometió que el Espíritu Santo vendría, y Él lo hizo. «Cuando llegó el día de Pentecostés, [los seguidores de Cristo] estaban todos juntos en el mismo lugar. De repente, vino del cielo un ruido como el de una violenta ráfaga de viento y llenó toda la casa donde estaban reunidos. Se les aparecieron entonces unas lenguas como de fuego que se repartieron y se posaron sobre cada uno de ellos. Todos fueron llenos del Espíritu Santo y comenzaron a hablar en diferentes lenguas, según el Espíritu les concedía expresarse» (Hechos 2:1-4).

Imagina la maravilla y la reverencia presentes en ese lugar. ¿Puedes verlas?

Me imagino que podría haberse parecido a un evento que tuvimos en la universidad durante el fin de semana de bienvenida. Nos reunimos en el jardín superior del campus y encendimos una enorme hoguera. Cuando digo enorme, no estoy siendo melodramática. Se apilaron cajones sobre una base de madera que se alzaba en el aire y ardían mientras los estudiantes borrachos gritaban cosas absurdas sobre nuestro equipo rival y el próximo partido de fútbol. Era la versión universitaria de artes liberales del festival «Hombre en llamas» (salvo el desierto, los jipis y el jefe de bomberos). No había extintores de incendios ni límites demarcados para contener las llamas. La hoguera estaba a la intemperie y era incontrolable. Era poco más que peligrosa y absurdamente aterradora. Toda la vida, nuestros padres bien intencionados nos habían dicho que no jugáramos con fuego. Y ahora, mientras estos mismos padres pagaban cuarenta y cinco mil dólares al año por una educación privada, sus hijos bailaban salvajemente en torno a las llamas rebeldes. Permanecí atrás y miré con asombro. Pronto, sin embargo, me acerqué a las llamas y bailé de manera peligrosa cerca del calor del fuego. Las llamas, aunque poderosas y aterradoras, también eran inexplicablemente hermosas.

De manera intelectual, conocía al Espíritu Santo, pero no lo conocía de forma íntima. Retrocedí y observé las llamas desde lejos, pero necesitaba bailar de manera peligrosamente cerca para ver la belleza del Espíritu. Recibí al Espíritu Santo cuando invité a Jesús a ser mi Señor y mi Salvador personal. Sin embargo, lo veo al repasar lo sucedido después del retiro de mujeres y en el camino a casa. Fue el momento en que le pedí al poder del Espíritu Santo que viniera *sobre* mí y me permitiera hacer a lo que me llamó Dios: ser fuerte y valiente, seguir avanzando y no renunciar al desierto. Era poderoso y aterrador, pero también era hermoso.

Los israelitas vagaron hacia una tierra que se les prometió, y yo conduje a la casa de mis padres. Al igual que los israelitas, esperé lo *nuevo*. Al igual que los israelitas, quería que se escuchara mi clamor y que se conociera mi corazón; quería que se reconocieran y aceptaran las canciones que cantaba desde lo más profundo de mi alma. En cambio, lo que necesitaba era un fuego fresco. Lo que necesitaba era rendirme a él.

TERCERA

parte

Capítulo DIEZ

Entra al fuego

A lo largo del Antiguo y del Nuevo Testamento, vemos que Dios *respondió* por, *apareció* en forma de, y fue *comparado* con el fuego. En todos los casos, el fuego se ve como un símbolo de Dios y de su capacidad para cambiar nuestras vidas de manera radical.

Dios hizo un pacto con Abraham usando el símbolo de un horno humeante y una antorcha encendida (Génesis 15:16-17).

A través del fuego de la zarza ardiente, Moisés recibió una comisión y un llamado (Éxodo 3:2).

El fuego protegió a los hijos de Israel durante el éxodo de la esclavitud y proporcionó luz para guiarlos (Éxodo 13:21).

Dios mostró su santa pureza a través del fuego en el monte Sinaí (Éxodo 19:18).

Dios reveló su presencia por medio del fuego a Sadrac, Mesac y Abednego (Daniel 3:25).

El Espíritu Santo transformó y les dio poder a los seguidores de Jesús en forma de fuego en el día de Pentecostés (Hechos 2:3).

El fuego estaba vigente en mi vida durante el diagnóstico de la enfermedad de mamá, la ruptura con mi ex, la graduación universitaria y el desempleo subsiguiente. ¿Significaba esto que Dios estaba obrando? ¿O que yo estaba pagando una penitencia por algo que hice o por algún error que cometí?

En la comunidad de bomberos, hay una frase para expresar un momento crítico en la etapa inicial de un incendio. Este momento ocurre cuando la temperatura alcanza un cierto nivel, y todo lo que es combustible en una habitación estalla en llamas de forma espontánea, propagando el fuego de inmediato. Esto se denomina «punto de ignición». En esos días, la temperatura en cada aspecto de mi vida había alcanzado a la vez un nivel de combustión. Comenzó a sentirse como una escena de *Llamarada* o de *Brigada 49*. El fuego parecía estar en todas partes. Era relacional. Físico. Familiar. Financiero. Espiritual. Había calor en todos los frentes, y cuando llegué a mi punto de ignición, todo lo que siempre quise, se quemó a mi alrededor. Mientras observaba mi vida en llamas, solo tuve una opción: alejarme de las llamas o entrar a ellas.

SOLA

Desde mi concepción tuve una compañera, una hermana gemela. Nacimos con un minuto de diferencia. Desde el momento de mi primer aliento, tuve a alguien con quien podía reír y llorar. Mi gemela, Jasmine Star, no solo se parecía a mí, sino a mi historia.

Los álbumes de fotos y los relatos de mis padres dan testimonio del vínculo instantáneo entre nosotras. Las grabaciones en casete de voces de niñas pequeñas revelan un idioma que solo compartíamos nosotras. Hacíamos ruidos extraños, nos reíamos sin control de nuestras propias tonterías y balbuceábamos desde nuestras cunas mientras nos dormíamos.

Durante toda mi vida, tuve a alguien a mi lado que entendía mis sentimientos antes de poder expresarlos en palabras. También, con una simple mirada, sabía lo que ella pensaba, sentía o necesitaba. No solo tenía un alma gemela en mi hermana, sino también una compañera en el útero. Cuando te crean al mismo tiempo, en el mismo lugar y al mismo tiempo, nunca estás sola. O al menos eso es lo que piensas.

Sin embargo, ahí estaba yo en la recepción de su boda, viendo a Jasmine más feliz que nunca. Bailaba a la luz de la luna en los brazos de su esposo mientras el sonido de las olas se estrellaba en la arena hawaiana debajo del balcón del hotel.

La boda fue hermosa. Jasmine se casó con su mejor amigo, y vi con gran alegría que prometían amarse de manera incondicional. Hicieron sus votos, renunciaron a todo lo demás y se unieron en santo matrimonio. Y ahora, estaban tomados de la mano, su esposo la guiaba en un baile tal como la conduciría a través de la vida, en tiempos de alegría y de problemas.

Mi corazón estaba feliz, pero mi alma estaba triste. Ella había encontrado a su alma gemela, pero yo había perdido a mi compañera de útero. Yo había atravesado desiertos y terrenos accidentados a su lado, pero ya estaba en un punto en el que tenía que soltarla en los brazos de otra persona.

Jasmine empacó la vida que compartíamos y se preparó para mudarse. Nos sentamos en nuestra cama y dividimos nuestras pertenencias en dos. La mitad de la ropa que compartíamos, la mitad del maquillaje que habíamos acumulado, la mitad de los zapatos que habíamos comprado. Ese día, la mitad de mi corazón se sentía como si estuviera metido en cajas.

Mi compañera de vientre me dejaba para ser una con otra persona. Era un matrimonio para ella, pero un divorcio para mí. Le sonreí y la abracé, pero quise volver en el tiempo, acercarme de nuevo a su cuna, decirle palabras que solo ella podía entender y pedirle que no me dejara. Tenía miedo, estaba sola y avergonzada de no poder celebrar a plenitud su felicidad.

El día que regresamos a casa de su boda, me acosté en mi cama y lloré sin control. Mientras la vida de Jasmine avanzaba, yo estaba en casa con una madre moribunda y había fracasado en mi vida de pareja. Mi cama se sentía demasiado grande y mi alma demasiado vacía. Por primera vez me sentí sola por completo. Sí, había estado algún tiempo en el desierto, pero al menos caminaba en tierras áridas con alguien que estaba en un viaje similar. Jasmine estuvo a mi lado desde el diagnóstico de mi madre hasta su tratamiento, a cuidarla de los efectos secundarios y al miedo de perderla.

Vengo de una familia numerosa (somos latinos, ¿qué esperas?) y asistía a una iglesia grande, pero después que mi hermana se mudó, no pude deshacerme de la soledad que sentía. Entraba a una habitación llena de gente y me seguía sintiendo sola. Las sonrisas y las risas eran genuinas, pero me sentía vacía.

Mi anhelo de amor y aceptación era doloroso. Mientras me recuperaba, luego de tres años de una disfunción degradante en mi última relación sentimental, me convertí en la amiga soltera que asistía a las bodas *sin* una pareja, sin un acompañante, y orando para que nadie me preguntara por qué *seguía* soltera. Durante las ceremonias, escuchaba los votos de «en las alegrías y en las penas, y hasta que la muerte nos separe», y oraba para que todo transcurriera con rapidez y yo pudiera ir a la recepción, donde ahogaría mis celos en los entremeses con palillos de dientes y el ponche aguado.

Al parecer, todo el mundo pasaba por una época de cambios, menos yo. Las invitaciones que llegaban por correo iban desde graduaciones universitarias hasta despedidas de soltera los fines de semana, bodas y, por último, a fiestas prenatales. La vida avanzaba para todos los demás, pero yo seguía sola. Era una temporada interminable de cenas para una sola persona, ir al cine sin compañía, y de preguntarme cuándo encontraría a alguien que me amara. Alguien que amara todo mi ser, alguien que me tomara de la mano en medio del desierto y me susurrara al oído: *Esto también pasará.*

Era un trabajo arduo e interminable, mi propia versión de un viaje de cuarenta años. Si hubiera tenido mi propio Moisés personal, podría haber hecho la misma pregunta que hicieron los israelitas:

¿Cuándo cambiará esto? Ustedes conocen esa pregunta, ¿verdad? En los momentos de soledad, en los momentos de dolor, en los momentos de pérdida, en los momentos de silencio, en los momentos de caminar en círculos en el desierto, es difícil no preguntarse: ¿Cuándo cambiará esto? ¿Cuándo cambiaré? ¿Cambiará?

PUNTO DE IGNICIÓN

Era el fin de semana de San Valentín. Yo trabajaba como maquilladora para eventos especiales y me habían contratado para una boda en la ciudad natal de mi exnovio (sí, *ese* ex). Por años, tuvimos una relación intermitente, y mientras conducía de regreso a casa después de la boda en mi nuevo convertible BMW (que no podía permitirme, ¿sería acaso una crisis de los veinte?), no podía dejar de pensar en él. Tal vez fuera porque estaba cerca de la ciudad en la que compartimos muchos recuerdos. Tal vez la boda me pusiera sentimental. No puedo estar segura de la razón, pero agarré mi teléfono celular y marqué su número.

En un momento de fortaleza dos meses atrás, rechacé su invitación para tener una cita e intentar reconciliarnos. Era Navidad, y yo sabía que él había regresado de una gira con su banda. (Nota: *nunca* salgas con un músico. Estoy bromeando). Supuse que quería besar a alguien debajo del muérdago y desfilar en las funciones festivas, pero aun así, era difícil resistirme a él. Mi soledad era palpable, pero de alguna manera me las arreglé para decir «no».

Sin embargo, sucumbí a mi debilidad mientras conducía esa noche por la carretera. Marqué su número telefónico, resintiendo el hecho de que aún me lo sabía de memoria. Como no quería volver a la enfermedad, la soledad y la apatía que afrontaba en casa, recurrí a él como un medio de escape. Soñé despierta mientras sonaba su teléfono. Quizá las cosas funcionaran esta vez. Quizá completaríamos las oraciones el uno del otro, y nos reiríamos de las bromas internas y envejeceríamos en nuestra amplia terraza mientras recordábamos el momento en que terminamos.

O tal vez yo había visto *Diario de una pasión* muchísimas veces.

El teléfono sonó durante tanto tiempo que esperé escuchar su correo de voz. Entonces, respondió por fin, y su voz profunda parecía segura, conocida y habitual. Eran todas las cosas que anhelaba, pero que no tenía. Quería hablar con alguien que me escuchara. Quería hablar con alguien que respondiera. Usé el silencio de Dios como una excusa para encontrar consuelo a mi manera, a fin de apaciguar mis temores de no ser deseada, de estar sola y de no ser suficiente.

Él era feliz. Lo escuché en su voz. Todo dentro de mí quería creer que la felicidad que escuchaba en el teléfono era porque le llamé yo. Le pregunté cómo estaba.

—Fantástico —respondió. Parecía alegre—. La vida está cambiando para mejor, y al fin estoy en el lugar donde me siento emocionado de veras.

¡Esta era una respuesta a la oración! La naturaleza maníaco-depresiva que lo hacía un músico maravilloso también era el punto de presión en nuestra relación. Por fin, estaba alcanzando un nivel en su salud, y me emocioné mucho.

—¡Vaya! ¿Qué está sucediendo? —pregunté con una risita coqueta.

—¡Me voy a casar! —me respondió.

Todo el aire escapó de mis pulmones, y me sentí débil. Iba conduciendo a ciento treinta y cinco kilómetros por hora en la autopista y tuve que detenerme. Antes de que pudiera reunir mis pensamientos, fue como si una voz extraterrestre se elevara desde mi interior y respondiera:

—Ah geniaaaaaal. Qué geniaaaaaal.

Se dice en la forma en que mis amigos del *Southern College* me enseñaron cuando de veras intentas ser amable, pero no lo dices con ojos desorbitados, una gran sonrisa y todas esas sílabas adicionales.

Repetí para mis adentros. «¿No es geniaaaal eso? ¿Qué tan geniaaaal es eso?».

Él comenzó a hablar, pero no escuché nada. Traté a toda costa de darle sentido a la línea de tiempo: solo dos meses atrás, él intentaba arreglar nuestra relación. Traté de entender cómo podía comprometerse cuando, solo dos meses antes, me decía que me amaba. Traté de procesar las noticias. El hombre al que había amado durante tres años se iba a casar con otra persona, solo dos meses después de pedirme que volviéramos de nuevo.

Los autos pasaban a gran velocidad mientras yo permanecía inmóvil. Era una imagen física del estado metafórico de mi vida. Su voz comenzó a desvanecerse cuando escuché mi nombre.

—¿Bianca? ¿Estás ahí? —parecía preocupado.

—Ah, sí, todavía estoy aquí. Debo haber pasado por una zona muerta. Estoy conduciendo. Bueno, escucha, no quiero perderte de nuevo, por eso tengo que dejarte. Así que, felicidades por comprometerte. Eso es muy geniaaaal.

Me despedí de una manera que enorgullecería a una reina de belleza de Texas, y colgué el teléfono. Encendí el auto en completo silencio, puse mis manos en el volante y miré por la ventanilla delantera. Entonces, perdí el control. Grité en voz alta con cada ápice de ira que había en mí. Agarré el volante con puños de hierro. Perdí el control, mis nudillos blancos, mi cara de seguro enrojecida, y saboreando las lágrimas saladas que corrían por mis mejillas.

«¿Dónde estás?

¿Me escuchas?

¿DÓNDE ESTÁS?

¡Dios, contéstame! *Contéstame, por favor*».

Este fue el momento de la combustión, mi punto de ignición. No fueron sus noticias ni el rechazo inherente, sino la culminación de mis sentimientos de pérdida y soledad. Sentí que todo lo que una vez tuve, al final quedó incinerado en su totalidad: mi hermana se marchó, mi madre se estaba muriendo, mi exnovio se iba a casar. Lloré sin control hasta que la carretera frente a mí se hizo difusa. Grité hasta que mi voz se desvaneció. Lloré hasta que no hubo más lágrimas. Luego, puse mi auto en marcha y me dirigí a casa en silencio. No había nada más que decir.

Capítulo ONCE

Clama

Un famoso refrán dice: «Cuando llegues al final de la cuerda, haz un nudo y agárrate». Sin embargo, sentía que no tenía más cuerda. Cuando ya no tenía a dónde ir, volví a un versículo bíblico que el señor Charles me pidió que memorizara porque era lo único que se le ocurría. «Clama a mí, y yo te responderé, y te enseñaré cosas grandes y ocultas que tú no conoces» (Jeremías 33:3, RV-60).

Mientras permanecía sentada en mi auto y gritaba: «¿DÓNDE ESTÁS? Dios, ¿puedes escucharme?», sentí que la última pizca de esperanza en mi corazón se retorcía sin remedio como un pez fuera del agua. En decibeles que no sabía que fuera posible para un ser humano, me encontré gritándole a Dios y rogándole que dejara de esconderse de mí. Desde el punto de vista teológico, sabía que Dios corregiría de manera realista todo mal, pero cuestioné su poder debido a su aparente ausencia.

Me sentí sin esperanzas. Al final, incluso llorar me pareció un desperdicio de emoción, y ya no tenía energías para hacerlo. Le grité a Dios a todo pulmón: ¿Cómo pudiste permitir *que estuviera en este lugar? ¿Dónde estás?* Lo último que quería hacer era orar con calma.

Sin embargo, hay personajes presentes en toda la Biblia que se sintieron igual que yo, que se lamentaron y clamaron a Dios, como Job, David, Ana y Elías. Cuando clamaron y le gritaron sus preguntas a Dios, ¿no apareció Él? ¿No demostró su cuidado amoroso y su poderosa mano de protección?

QARA

El clamor es un humilde recordatorio de que necesitamos a Dios en cada momento de cada día. La Biblia hace una clara distinción entre la *oración* y el *clamor*. Los hijos de Israel clamaron para ser libres de la esclavitud y el Señor los rescató (Éxodo 3:7, RV-60). David clamó por sanidad y Dios le perdonó la vida (Salmo 30:2, RV-60). Más tarde, en un momento de necesidad desesperada, David huyó de Saúl a una cueva y escribió un salmo, creyendo que lo exonerarían después de clamar a Dios (Salmo 57:2).

La Palabra de Dios está llena de promesas para quienes claman a Él. Así que mi promesa favorita es la de Dios a Jeremías, en la que el Señor le da sabiduría a su pueblo en momentos de duda y confusión (Jeremías 33:3). La promesa de Dios a Jeremías de hace tantos años es cierta para nosotros en la actualidad. El Creador del universo quiere una relación íntima y amorosa con las personas que creó. Un componente vital de nuestra relación es expresar en voz alta nuestra necesidad de Él.

En el punto más bajo de mi vida, seguía teniendo dificultades con una común pregunta teológica: Si Dios lo conoce todo, incluyendo mi corazón y mi mente, ¿por qué tengo que expresarme en voz alta para Él? ¿Por qué tengo que gritar? ¿Por qué tengo que orar? Y esto fue lo que descubrí. Sí, Dios conoce nuestros corazones y escucha el más leve susurro por ayuda que se eleva desde los lugares más profundos de nuestro espíritu. En cambio, cuando estamos lo bastante desesperados como para gritar, nos sentimos humildes. Y cuando somos lo bastante humildes, sucede algo: Dios responde con poder salvador.

Varios versículos en las Escrituras hablan con mucha claridad acerca de esto con exactitud. Y aunque ese día de febrero al lado de la autopista sentí que perdía la cabeza, encontré algunos antepasados en la Biblia que estuvieron tan frustrados como yo. Varias palabras hebreas describen el clamor, pero un verbo en específico, *qara*, implica la acción de llamar o clamar en voz alta. *Qara* se usa en Jeremías 33:3 cuando el Señor dice: «Clama a mí, y yo te responderé, y te enseñaré cosas grandes y ocultas que tú no conoces» (RV-60).

Durante esta temporada de silencio de Dios, leí los Salmos y sentí como si David fuera mi mentor perdido desde hace mucho tiempo. En lo profundo de las páginas de las Escrituras, y sepultado en los anales de la historia, vivía un pastor que se convirtió en héroe de guerra y en una superestrella fugitiva que escribió dolorosas palabras de soledad, profecía y promesa. Usaba *qara* con frecuencia, y creo que fue porque sabía que los gritos ocurrían antes de la adoración. «Llámame cuando tengas problemas», escribió en el Salmo 50:15, «y yo te rescataré, y tú me darás la gloria» (NTV, énfasis añadido). En el Salmo 145:18, David escribió lo siguiente: «El SEÑOR está cerca de todos los que le invocan, de todos los que le invocan en verdad» (LBLA, énfasis añadido).

Los escritores del Nuevo Testamento afirman esto clamando también. Pablo nos muestra que clamar es un impulso natural plantado en nuestros corazones por el Espíritu Santo dentro de nosotros. «Por cuanto ustedes son hijos», enseña Pablo en el Nuevo Testamento, «Dios envió a sus corazones el Espíritu de su Hijo, el cual clama: "¡Abba, Padre!"» (Gálatas 4:6, RVC). La palabra original que se usa aquí para *clamar* es fuerte, traducida casi siempre como «gritar». Entonces, si pudiera parafrasear esto, diría que el Espíritu Santo obra dentro de nosotros para provocar un grito a Dios, nuestro papá.

Como padre de cinco hijos, mi papá podía reconocer el llanto de cada uno de nosotros. Incluso, desde otra habitación y sin vernos, en el instante en que escuchaba un grito, podía identificar quién lloraba

---

y la gravedad de la situación. Todos mis hermanos lo llaman todavía para pedirle consejos, afecto y atención, y a él le encanta. De la misma manera, elegí creer que Dios me respondería a mí, su hija terrenal, y reconocería mis gritos de ayuda desde un lado de la carretera. Tal vez, solo tal vez, mientras más fuerte llorara, más probable fuera que respondiera.

Gritando en dirección al aire, golpeando el volante como un boxeador peleando contra mi propia sombra, creí, *elegí* creer, que Dios me había escuchado.

Las Escrituras nos hacen una invitación abierta a gritar en voz alta, a pedirle a Dios que responda. Y ese día, sola en mi auto, hice eso literalmente.

Hasta este punto de ignición, no pude admitir ante nadie que necesitaba ayuda. Mientras intentaba a toda costa mantener mi vida unida, la idea de confesar mis necesidades en voz alta o de pedir ayuda me parecía humillante. Desde la burla del patio de recreo hasta la humillación académica, nunca había querido estar en posición de necesitar ayuda; no quería volver a ser vulnerable jamás.

En mi segundo año de universidad, tomé un curso de ciencia política sobre la Guerra Fría. Nunca en mi carrera académica me había esforzado tanto para retener o procesar la información como lo hice en la clase del doctor MacIssac. Me dediqué todo el semestre a crear notas codificadas por colores y a organizar sesiones de estudio masivas, pero todo esto fue en vano. El día del examen final, me encontré en su oficina llorando de manera incontrolable porque estaba segura de que lo había perdido. Me pasó un pañuelo de papel y me preguntó por qué no le consulté antes mis problemas. Mi confesión fue tan descontrolada como mis lágrimas. Le expliqué que estaba demasiado avergonzada como para pedir ayuda, pues todos sabrían que yo era una tonta.

Me había pasado toda la vida escondida, y me resultaba muy difícil pedir ayuda cuando tenía problemas. Prefería aguantar sola en vista de las dificultades insuperables, y tratar de sobreponerme, de poder levantar mis manos como una vencedora, creyendo: ¡Lo hice! Sin embargo, ¿no obra Dios de un modo diferente? ¿No quiere Él que lleguemos a la conclusión de que *Dios lo hizo*? Al reconocer nuestra debilidad, como lo hice frente al doctor MacIssac, experimentamos la fuerza y la gracia de Dios en vista de nuestras carencias. (Terminé el curso con una buena nota porque el profesor me dio la oportunidad de complementar mi calificación con la escritura de un documento de crédito adicional). Se necesita humildad para clamar a Dios en medio de nuestra angustia. Y la humildad ante el Dios vivo es justo lo que necesitamos para que ocurra la transformación.

ADORACIÓN EN EL DESIERTO

Durante las épocas del desierto y los momentos de silencio, Dios está con nosotros. Cuando los israelitas vagaron en su propia época en el desierto literal por cuarenta años, sus ropas no se desgastaron ni sus zapatos se rompieron. El Señor proveyó comida y el agua fluyó. Según el capítulo 13 de Éxodo, la presencia de Dios ante ellos era como una columna de nube durante el día y una columna de fuego durante la noche (vv. 21-22). A este fenómeno, los teólogos le llaman teofanía, que es la presencia o apariencia de Dios. Esto lo vemos en Éxodo 19:9, cuando el descenso del Señor está marcado por una densa nube.

Cuando los israelitas vagaban en medio de la confusión, los guiaba la columna de nube. Y cuando los egipcios los persiguieron, la columna de nube ocultó a los israelitas. La columna de fuego los guiaba tan pronto oscurecía (Éxodo 13).

En nuestros momentos de confusión, miedo, pérdida y oscuridad, tenemos un Dios cuya presencia está con nosotros, que nos responde cuando clamamos. Y cuando Él responde, cuando aparece en el desierto, tenemos un trabajo: adorar a Dios. Como leemos en Éxodo 7:16, Moisés le declaró al faraón: «El Señor, Dios de los hebreos, me envió a decirte: "Deja ir a mi pueblo para que *me adore en el desierto*"» (ntv, énfasis añadido).

Es fácil pasar por alto esta pequeña oración, pero es importante.

El propósito de la liberación de los israelitas no solo era su emancipación de la esclavitud, sino guiarlos a una adoración más profunda del Señor. Del mismo modo, Dios no nos lleva a salir de la esclavitud ni nos conduce a nuestros propios desiertos solo por el bien de nuestra libertad. Él nos lleva al desierto para que podamos aprender a adorarlo. Y he aquí la verdad: no podemos adorar a Dios por los dones de la libertad y la salvación sin haber conocido primero el cautiverio y la desolación. Cuando conocemos el precio de nuestra libertad, eso impulsa nuestra adoración. La verdadera adoración casi siempre ocurre en el desierto inhóspito, y la alabanza es casi siempre la respuesta a una súplica que surge en nosotros mientras estamos en el desierto.

Al repasar lo sucedido, puedo ver que algunas de mis más profundas y sinceras oraciones, lamentos y sollozos surgieron de mi desierto de soledad.

APRENDE LA LECCIÓN

Cuando eres gemela, estar sola no solo se siente extraño; se siente como un castigo. Asistir sola a fiestas, reuniones e incluso a la iglesia era confuso. Yo estaba rodeada de gente, pero me sentía increíblemente sola. No sabía cómo adorar en ese desierto de soledad y aislamiento.

Allison, mi compañera de trabajo con quien yo corría, nadaba y trabajaba, permaneció tres años sin novio. Ambas servíamos en el ministerio de jóvenes y pasábamos la mayor parte de las semanas planeando eventos que ocupaban nuestros fines de semana. Compartíamos una oficina, un ministerio y una pasión. Éramos diametralmente diferentes, pero la vocación nos hizo compañeras de trabajo y nuestros corazones abiertos nos hicieron amigas.

Yo usaba tacones altos y maquillaje todos los días para ir a trabajar. Allison usaba sandalias y ni siquiera se arreglaba las cejas. Era puntual y responsable. Yo era espontánea y nunca tuve padres que firmaran formularios de autorización para estudiantes. Tal como lo reconocía, ella era reservada y escéptica por naturaleza. Yo hablaba con todo el mundo (incluso con quienes no querían conversar) y, de manera inevitable, los abrazaba cuando terminaba de desahogarme emocionalmente. Éramos muy diferentes.

Entonces, Allison conoció a un hombre maravilloso. Se comprometieron unos meses más tarde. Poco a poco, nuestro tiempo juntas disminuía a medida que ella se ocupaba de los planes de su boda. Presentó su renuncia, se casó y se mudó al otro lado del mundo con su nuevo esposo. Allison solo era una chica más cuya vida avanzaba mientras yo les daba vueltas a las mismas montañas en el mismo desierto y en la misma temporada de soledad.

Sin embargo, esta vez, en lugar de *llorar* en mi cama por estar sola, le *grité* a Aquel que podía encontrarse conmigo en mi soledad. Descubrí a Dios en el desierto de mi vida cuando me dirigí a Él para satisfacer mi sed. Tal como David instó a sus lectores, como Kathy me enseñó y como me recordó el señor Charles, clamé a Dios porque solo Él podía escuchar y sanar. Solo Él podía cambiarme en medio del dolor. Solo Él podía enseñarme a adorar en el desierto.

Mientras exploro las páginas de las Escrituras, las historias en la Biblia me muestran que los anhelos del desierto se expresan mejor a través del lenguaje del lamento y del clamor. La esterilidad del desierto, la desolación percibida, la soledad que solo se experimenta en el desierto, nos conducen ya sea hacia Dios y su presencia, o hacia la confianza en uno mismo, el odio hacia nosotros mismos o a la adoración propia. En resumen, entramos a la adoración o nos alejamos de ella. Esta es la decisión fundamental: podemos clamar y luego adorar en nuestra Tierra Prometida, o maldecir a Dios y adentrarnos más en el desierto de nuestra propia desesperación.

Pienso en las historias de los israelitas. Su sed en el desierto fue calmada con agua provista de manera milagrosa de una roca (Éxodo 17; Números 20). Dios los protegió en el desierto cuando estaban bajo una amenaza constante de ataques. Moisés les aseguró: «Ustedes quédense quietos, que el Señor presentará batalla por ustedes» (Éxodo 14:14). En estos casos, y en muchos otros, Dios demostró cómo responde cuando su pueblo clama. Él les mostró su valor.

Y su valor está en el centro de la adoración adecuada. Adoramos a Dios por su valor infinito. A través de sus clamores en el desierto, los hijos de Israel descubrieron que, por encima de todo lo demás, Dios es digno de nuestra alabanza.

Años más tarde y culturas distantes, mi proverbial desierto es donde descubrí que por encima de todo, Dios es digno. Él era el Padre que los israelitas querían. Él era el proveedor que necesitaban. Él era el Poderoso sin cuya protección hubieran desaparecido en las arenas del desierto. Dios comenzó a llenar las partes vacías de mi alma y a satisfacer las necesidades de mi corazón. Poco a poco descubrí que la adoración no solo se produce porque Dios lo exige, sino porque reconocemos que Él la merece.

El desierto sigue siendo el lugar donde el pueblo de Dios aprende a adorar. La desolación y el vacío que experimentamos nos muestran nuestra necesidad de la presencia palpable de Dios. Más que el novio perfecto, el cuerpo ideal, la oficina de la esquina o la validación de otras personas en nuestra vida, necesitamos experimentar al Dios que está con nosotros en los períodos más áridos. Solo Él puede proveer para las necesidades cuando clamamos en el desierto, y adoraremos en la tierra de su provisión.

Jesús dijo que Él es el pan de vida y el agua viva. Necesitamos el «pan» espiritual tanto como los israelitas necesitaban el maná en el desierto. (Nota: ¡Dios no se llamaría a sí mismo el PAN de la vida si no quisiera que comiéramos carbohidratos! Ay, no, la dieta primitiva me decepcionó). Nuestra sed más profunda de agua viva es tan intensa como la sed de agua física de los israelitas. Si te encuentras en el desierto, comprende que, aunque no te guste en ese momento, estás en el lugar exacto donde puede tener lugar la verdadera adoración. Al igual que los israelitas, estás al borde de un lugar muy prometedor.

¿Cómo lo sé? Lo experimenté.

Capítulo DOCE

Rendición

Después de mi crisis de la autopista, estaba en un punto de capitulación y desesperación. Me recosté en la cama en el silencio de mi habitación (la habitación en la casa de mis padres que fue mía en el instituto, y a la que me mudé de adulta) y lloré. Este fue mi momento de bandera blanca, mi momento de rendición. Las lágrimas que me corrían por la cara eran la única señal externa de emoción. No era mi colapso emocional regular. Esto era diferente. No gemí ni hice una mueca; no pateé ni grité. Literalmente abrí mis manos y me entregué a Dios en silencio.

Había pasado por meses de pastillas para adelgazar, la compra de un auto costoso, innumerables estudios bíblicos, vacaciones, servicio en la iglesia y terapia de compras; nada curó mi dolor y confusión. Nada me trajo la paz. Nada me proporcionó indulto ni esperanza ni equilibrio como pensaba. Creé dioses que pensaba que podrían rescatarme de mi soledad, pero mis intentos de *curarme* siguieron vaciándome y agotando cualquier esperanza (y dinero) que tenía.

Ahora, por primera vez, sentía que sucedía el cambio que quería. No era lo que esperaba ni la manera en que deseaba que sucediera, pero sabía que Dios lo estaba haciendo, incluso si no me gustaba *cómo* lo hacía.

A lo largo de la Biblia, tanto en el Antiguo como en el Nuevo Testamento, las situaciones que parecen ir más allá del rescate se convierten en el ímpetu de una vida nueva y más importante.

Jonás estaba en el vientre de un pez, y cuando lo vomitaron, obedeció a Dios y fue a predicar a una Nínive perdida.

Abraham llevó a Isaac a una montaña para sacrificarlo y confió en que Dios cumpliría su promesa de que sería el padre de muchas naciones, aun cuando lo llamó para matar a su primogénito.

Pablo y Silas experimentaron un terremoto masivo en prisión; sobrevivieron a la catástrofe y les presentaron la salvación y el avivamiento a la guardia de la cárcel romana y a toda su familia.

LO QUE PARECE UNA MUERTE INMINENTE O UNA DESESPERACIÓN ABSOLUTA SIGNIFICA EL COMIENZO DE UN RESCATE, UNA DEMOSTRACIÓN DE RESURRECCIÓN O DEL ÍMPETU PARA EL AVIVAMIENTO. SOLO DEBEMOS, COMO JESÚS QUE CLAMA EN EL JARDÍN DE GETSEMANÍ, PERMANECER EN EL PROCESO.

Lo que parece una muerte inminente o una desesperación absoluta significa el comienzo de un rescate, una demostración de resurrección o del ímpetu para el avivamiento. Solo debemos, como Jesús que clama en el jardín de Getsemaní, permanecer en el proceso.

CEREBRO DEL DESIERTO

¿Alguna vez has escuchado historias de personas que se encuentran vagando en el desierto? Están sedientas, secas y cubiertas de arena. He escuchado que a menudo tienen un aspecto demencial y, en ocasiones, dependiendo de cuánto tiempo han estado vagando, se vuelven locas en realidad. Ven espejismos. Imaginan ver agua donde no hay ninguna.

A veces, los desiertos espirituales también producen ese mismo efecto en nosotros. No siempre pensamos con claridad ni tomamos las mejores decisiones, y algunas veces vemos nuestros propios espejismos espirituales, cosas que no existen de veras. Vemos consuelo donde no hay ninguno, creamos dioses de imitación para saciar nuestros deseos. Somos propensos a decirles sí a las cosas cuando deberíamos decirles no.

Los hijos de Israel sufrieron un caso clásico de lo que llamo «cerebro del desierto». No se ha diagnosticado en términos médicos, pero los síntomas incluyen:

- Olvido crónico de la provisión anterior de Dios
- Quejas y gruñidos constantes sobre Dios, a pesar de su provisión
- Negligencia para honrar y reconocer la bondad de Dios
- Forjar salvadores y dioses creados por el hombre para saciar los deseos personales

¿No describe esto a los hijos de Israel en Éxodo 32? Unos capítulos antes, Moisés habló con los de su pueblo, comunicándoles que Dios quería que se purificaran porque les iba a dar un mensaje. Una densa capa de humo cubrió la montaña mientras Dios descendía y flotaba en forma de fuego. El suelo tembló como la línea de la falla de San Andrés mientras las trompetas sonaban cada vez más fuerte. El temor debe haber sido palpable cuando los israelitas observaron a Moisés subir a la montaña y entrar en la presencia de Dios mientras ellos esperaban abajo. Cuando Moisés regresó, lo hizo con órdenes para que los israelitas obedecieran, y ellos lo aceptaron.

Moisés fue convocado de nuevo a la montaña, pero esta vez se quedó mucho más tiempo. El fuego burbujeaba en la cima de la montaña mientras el humo ondeaba. Sin embargo, mientras Moisés se comunicaba con Dios, la gente al pie de la montaña se sentía sola y abandonada. Día tras día esperaron a Moisés, pero no regresaba. La ausencia de Moisés y el silencio aparente de Dios fueron un caldo de cultivo para que se manifestaran su control y su autocomplacencia.

En lugar de recordar cómo Dios se les manifestó siempre (enviando plagas, guiando su éxodo de la esclavitud, dividiendo el mar Rojo, y proveyendo comida y agua en el desierto), los israelitas sufrieron una amnesia crónica en su viaje a la Tierra Prometida. Olvidaban constantemente lo que Dios hizo por ellos e ignoraron de plano sus mandamientos.

La gente se cansó de esperar a que Moisés bajara del monte Sinaí. El silencio de Dios se sintió como una ausencia, y la impaciencia de los israelitas los impulsó a crear sus propios dioses. Aarón, el hermano de Moisés, cedió ante las quejas de los israelitas. Bajo su liderazgo, hicieron un becerro de oro, al cual adoraron y, en este caso, afirmaron que era el dios que los sacó de Egipto (Éxodo 32:4).

Es verdad, ¡estos israelitas perdieron la cabeza! ¿Pero yo era tan diferente de ellos en mi propio vagar por el desierto?

SUELTA LOS ÍDOLOS

Al volver la vista atrás, supongo que no era consciente siquiera de la manera absurda en que actuaba. Gastaba dinero en ropa y zapatos como un mecanismo para afrontar mis problemas de valor y valía. Compré un convertible BMW porque quería algo, cualquier cosa, para hacerme sentir que podía ir más lejos y rápido en la vida. Y tenía trenzas con extensiones de cabello porque, bueno, era obvio que no tenía ni idea de lo que hacía con él.

Sin saberlo, creé mis propios dioses y semidioses para lidiar con el silencio y la aparente inacción de Dios. Y no podía ver mi pecado ni reconocer mi propia idolatría. A diferencia de los hijos de Israel, no confeccioné un becerro de oro, pero adoraba las etiquetas de diseñadores y los símbolos de estatus, así como debería haber estado adorando a Dios. Mientras tanto, me repetía que todo lo hacía «bien». ¡Leía la Biblia! ¡Oraba! ¡Iba a la iglesia! ¡No era como *esa* gente! ¡Usaba signos de exclamación con frecuencia!

A fin de cuentas, creía que era menos culpable que quienes me precedieron. Comparé mis pequeños ídolos con los grandes ídolos de los israelitas. Aun así, los ídolos son ídolos. Comparé mi pequeño pecado con su gran pecado. En cambio, el pecado es pecado. No quería verme como los israelitas idólatras, pero la verdad es que yo no era diferente.

LA HISTORIA SE REPITE

Años después que a los israelitas se les liberó de su desierto, un profeta llamado Elías se levantó entre ellos. En esa época, el pueblo de Israel siguió los pasos de sus predecesores, y aunque no daban vueltas sin cesar por el monte Sinaí como los israelitas del éxodo, vivían en su propio desierto espiritual, hacían lo suyo y tomaban malas decisiones. Incluso, recayeron en sus viejos hábitos de idolatría (no era otra situación como la del becerro de oro, ¿verdad, chicos?). Esta vez, los israelitas estaban bajo el reinado del rey Acab y su esposa, Jezabel, quienes eran malvados hasta la médula. Elías, un profeta bocazas, habló en contra de la adoración de sus falsos dioses y les advirtió a todos que detuvieran semejante estupidez.

En su fervor extravagante y lleno de fe, Elías oró para que Dios impidiera que la lluvia cayera en la tierra. Esperen, entendamos esto: *le pidió a Dios que mantuviera cerrada la llave del agua del cielo hasta que cambiara el corazón de la gente.* Durante tres años y medio, sus oraciones se respondieron con una prohibición de la bondad del líquido (es decir, de agua).

Hagamos un poco de matemática básica. Según mis cálculos, ¡eso significa que no llovió durante aproximadamente 1 275 días! El ganado murió, la vegetación se marchitó, la tierra se secó en medio de una sequía.

Al final de esos tres años en el desierto, Dios envió a Elías para que llamara a todos los israelitas y a su rey malvado al monte Carmelo para de una vez por todas resolver la cuestión del único Dios verdadero. Fue una especie de confrontación. Tan emocionante como lo fuera una batalla de rap o una competencia de danza, el factor decisivo sería a qué dios respondía el fuego.

PUNTO DE IGNICIÓN

Si Dios tuviera un currículum, estoy bastante segura de que diría «entrenado en el arte del lanzamiento de llamas». En Éxodo, Dios encendió una zarza y guio a las personas como si se tratara de una fogata en movimiento por la noche. Como veremos en 1 Reyes, Él arrojó un poco de calor y encendió un poco de barbacoa para que Elías demostrara su poder. Y como este prometió, el Señor se mostró a sí mismo como el único Dios verdadero. Como dice mi madre, cuando las cosas necesitan despertarse, Dios a veces enciende un fuego debajo de nuestros traseros para que nos movamos.

Debería mencionar algunos detalles aquí. Dios le dijo a Elías que si le hacía frente al rey, traería lluvia a la tierra. Un pequeño detalle: ACAB ODIABA A ELÍAS. Un detalle importante: JEZA-BEL ODIABA A ELÍAS MÁS QUE ACAB. Teniendo en cuenta dónde se encontraba Elías con la familia real, el mandato de Dios bien podría haber sido una sentencia de muerte, pero Elías llamó con audacia al rey Acab a bailar... Esperen... Me refiero a hacerle frente en el monte Carmelo. Imaginen la escena. Todos los israelitas vinieron de cerca y de lejos, todos los profetas se arremolinaron y el rey Acab le habló a Elías. Hubo una batalla de palabras. Se intercambiaron algunas bravuconerías. Acab le dijo a Elías que era un alborotador. Elías le lanzó un contrargumento y mencionó al padre y a la familia de Acab como la causa de los problemas de la nación. ¡Ustedes saben que las cosas se ponen serias cuando se empieza a hablar de la familia! Elías le dijo al rey que Dios trajo la sequía porque el pueblo se había apartado del único Dios verdadero y adoraba a Baal. Y no se detuvo allí. A los ochocientos cincuenta profetas de Baal y Aserá que comían en la mesa real, quienes consentían el pecado de Acab, se convocaron también.

El rey se acercó a Elías, pero este no se amilanó. Desafió al rey Acab para que corroborara lo que había dicho. Elías solo dejó las cosas claras. Esta fue la batalla de todas las batallas. Los Capuletos y los Montescos, los Jets y los Tiburones, los Hatfields y los McCoys, ninguno de ellos podrían rivalizar con el drama que se desató. Elías les pidió a todos en la montaña que se comprometieran y eligieran a qué dios servirían. Desafió a los profetas de Baal, les pidió que colocaran un toro en el altar y que oraran para que Baal le prendiera fuego al toro. Los profetas hicieron lo que les dijo, luego se lamentaron y gritaron, pero no sucedió nada. Gritaron y vociferaron para obtener la atención y el favor de Baal, pero no cayó fuego.

Elías, cansado de esperar, comenzó a burlarse y a tomarles el pelo a los profetas. «Tendrán que gritar más fuerte —se mofaba—, ¡sin duda que es un dios!» (1 Reyes 18:27, NTV). Los insultos se acaloraban cada vez más y, como lo interpretan algunos teólogos, Elías preguntó si Baal no había respondido porque estaba ocupado haciendo sus necesidades en el baño (1 Reyes 18:27, NTV). AY, NO, ¡NO LO ESTABA!

Sí, lo estaba.

No hubo barbacoa para el equipo de Baal. Ni siquiera una chispa cayó desde arriba, y había llegado el momento de que Dios se moviera. Al parecer, las probabilidades no estaban a favor de Elías. Considera a lo que se enfrentaba:

- Un rey y una reina que despreciaban a Elías y querían verlo muerto
- Ochocientos cincuenta falsos profetas
- Escasas posibilidades de supervivencia si Dios no aparecía en el fuego
- Ninguna prueba de que Dios haría lo que esperaba Elías

Sin dejarse intimidar, Elías confió en Dios. Entonces, cuando llegó su turno de pedir fuego, incluso aumentó la apuesta. Reconstruyó el altar de Dios, cavó una zanja a su alrededor y preparó un toro para ponerlo sobre el altar. Luego empapó todo en agua cuatro veces. ¿Por qué en agua? Sencillo. Si el sacrificio se incendiaba, nadie podría pretender que era casualidad o coincidencia. Demostraría que un Dios todopoderoso había hecho lo que ningún otro dios podía hacer.

Y luego, en su momento grandioso, con todos los profetas de Baal enfrentados contra un solo hombre de Dios, Elías clamó al Señor en nombre del pueblo de Israel. Dios respondería a su profeta en este enfrentamiento en el desierto, y por su poder el pueblo vería su grandeza. Y de seguro que vieron su grandeza. Al grito de Elías, Dios hizo llover fuego desde el cielo sobre el altar, y las llamas no solo consumieron el sacrificio, sino también la madera, el altar y el polvo a su alrededor. Después de ver esta increíble exhibición, la gente se postró y proclamó: «¡El Señor, él es Dios! ¡Sí, el Señor es Dios!» (1 Reyes 18:39, NTV). Mientras el avivamiento estallaba en la tierra, también se rompieron los diques del cielo. Una lluvia muy necesaria cayó sobre el suelo polvoriento, trayendo una nueva estación de fecundidad a una tierra muerta.

En esa montaña, Elías llamó al pueblo de Dios por su nombre. «Israel será tu nombre», les dijo (v. 31, LBLA). Este momento, aunque menos dramático que llover fuego, es demasiado poderoso para pasarlo por alto. Elías les recordó a los israelitas su condición de escogidos de Dios. Este mensaje es tan importante para nosotros hoy como lo fue en los días de Elías, porque aunque el enemigo sabe nuestro nombre, nos llama por nuestro pecado. **Dios conoce nuestro pecado, pero nos llama por nuestro nombre.** A veces, un recordatorio de quiénes *somos* es más poderoso que un reproche de lo que *no* somos.

En ocasiones, nos veremos obligados a elegir nuestro camino o el camino de Dios. ¿Lucharemos por el control, bailaremos en los altares de nuestros propios Baales, o gritaremos y nos rendiremos a la liberación? ¿Pondremos nuestras obras sobre el altar y dejaremos que las consuma el fuego? ¿Cómo responderemos?

En las épocas del desierto, o solo cuando nos perdemos, somos susceptibles a olvidar el poder y la fuerza de nuestro Dios y seguir los deseos de nuestros corazones. Los hijos de Israel lo hicieron. Yo también. Lo que es peor, somos susceptibles a adorar cosas que sustituyen a Dios en nuestra vida.

Así como Dios envió a Elías a instar a los israelitas a que se rindieran y se alejaran de sus dioses, Él aún envía a la gente a recordarles a sus hijos para que se rindan y abandonen los dioses que no pueden rescatar, responder ni reaccionar. Los hijos de Israel tenían una historia espiritual y fueron testigos de que Dios hizo grandes cosas, y lo mismo sucede conmigo.

A veces, Dios tiene que llamar nuestra atención en el desierto antes de poder hablarnos en el fuego de la Tierra Prometida. La historia de Elías nos muestra que el sufrimiento de la gente puede ser positivo, siempre que conduzca al fuego del avivamiento espiritual.

Al repasar lo sucedido, creo que mi madre fue una catalizadora para el cambio en lugar de una víctima de las circunstancias. Vi el impacto que tuvo en la vida de muchas personas, y comencé a creer que su vida, como la de Elías, era un vehículo para revelar el poder y expresar las promesas de Dios. Incluso si eso significaba sufrir, iba a vivir su vida trayendo gloria a Dios.

No estuve en el monte Carmelo, no vi a Elías, y los profetas de Baal ya se habían marchado, pero Dios me conducía a través de mi desierto, y se había enfrentado a mis propios ídolos falsos. Entonces, llegué a mi punto de ignición y clamé a Dios. Lo observé mientras Él lo consumía todo con fuego, todos mis ídolos, todos mis falsos profetas, absolutamente todo.

Así que me acosté en la cama en el silencio de mi habitación y lloré. Ese fue mi momento de rendición. Les rendí a las llamas lo único que creía controlar: mi vida. No era el momento de temerle al fuego ni de cuestionarlo, sino de entrar en el fuego y confiar en que vería al Dios vivo y verdadero.

Capítulo TRECE

Las promesas de Dios

Mientras mi madre yacía en la cama, escuchaba al mundo girar sin ella. Escuchaba el ruido y la charla de la gente en la calle, los pasos del cartero en el portal y el chirrido de la puerta del buzón. El sonido del aspersor regando el césped. Los gritos de los niños frente a la ventana de su habitación. Estos sonidos le recordaban que estaba viva, pero la enfermedad y el dolor le recordaban que se deterioraba. Dormía con frecuencia y estaba demasiado débil para moverse mucho por sí misma, pero cada vez que podía, levantaba su Biblia y leía partes de los Salmos.

Estaba calva y con una gran cicatriz parecida a la de Frankenstein y las grapas de su segunda operación cerebral. Había perdido las cejas y las pestañas porque le colocaron una derivación de quimioterapia en la cabeza las veinticuatro horas del día, lo cual le suministraban un flujo constante de drogas a su cuerpo. Perdió casi toda la movilidad en sus brazos, y no podía valerse por sus propios medios. Todo su cuerpo se retorcía debido a un dolor implacable. El cáncer y la quimio atacaron su sistema nervioso central, haciendo que perdiera el control de sus funciones corporales. Mi padre la bañaba a diario porque ella no era capaz de ir sola al baño.

Sabíamos que muchas personas oraban por ella. Nuestra petición para orar por su sanidad llegó a lugares lejanos como Japón, a grupos comunitarios en Wyoming y, por supuesto, a nuestros amigos más cercanos y familiares. Sin embargo, con nuestra petición llegaron también las cosas tontas que a menudo dicen las personas bienintencionadas.

Cuando las personas tienen dolor o aflicción, lo último que necesitan es una cucharada de jarabe religioso. Yo no necesitaba ni quería el «cristianismo magnético» (ya saben, esos dichos religiosos que encajan a la perfección en los imanes que pones en tu refrigerador). Quería una esperanza sincera. Las personas con dolor no necesitan curitas para sus heridas de bala emocionales. Necesitan enfermeras espirituales para instruirles sobre cómo seguir viviendo en medio de la confusión y el dolor.

Un fin de semana entré y vi a mi débil madre sonriendo con educación y haciendo todo lo posible por sentarse derecha, a pesar de su evidente agotamiento y dolor. Una amiga de la familia, la esposa de un pastor, estaba sentada frente a ella en la sala, y hablaba sin parar. Cuando me acerqué, levanté las almohadas de mi madre mientras yacía en el sofá, y saludé a la invitada. «Acabo de decirle a tu madre que perdí diez libras y fui a Huntington Beach en bicicleta el fin de semana pasado. Ya sabes, para que pueda olvidarse de que está enferma», dijo su amiga.

Sentí que la sangre desaparecía de mi cara y mi pecho se contraía mientras pensaba para mis adentros: *¿De veras que le habla a mi madre de su gran cuerpo y su salud perfecta, o es que deliro?* Traté de calmarme, pero no pude contener por completo mi ira. «Vaya, eso es genial», le dije con frialdad. «Mamá está muy cansada porque le han dado un treinta por ciento de posibilidades de vida, por lo que estamos orando para que algún día pueda volver a caminar. Y tal vez para que vaya incluso en bici a Huntington Beach». Al instante, nuestra invitada fue consciente de su ignorancia y de mi sarcasmo, y comentó: «¡Sabemos que todas las cosas obran para bien!». Recogió su bolso y se marchó.

Después que cerrara la puerta (no lo bastante pronto para mí), me acerqué a mi madre, agitando los brazos en el aire. ¡Estaba lívida! Una sucesión de preguntas y declaraciones enojadas sobre su visitante salieron de mi boca sin pausa ni aliento mientras pasaba de cero a doscientos en dos nanosegundos y medio.

«¿Cómo puede llamarse a sí misma tu amiga? ¡Esa conversación fue un choque de trenes! ¿De veras pensaba que estaba ayudando? ¡Es muy despistada y desconsiderada! Prefiero sacarme los ojos con un instrumento afilado que escucharla hablar durante un segundo más».

Mi madre me calló y reprimió una carcajada no solo porque yo era graciosa, sino también porque estaba de acuerdo conmigo en secreto. Me atrajo hacia ella y me senté en el borde del sofá con la espalda apoyada contra su pecho. Como si hubiera leído mi mente, tomó su Biblia y la abrió en la esquina doblada del libro de los Salmos. Sus frágiles manos descansaron en la página mientras sonreía y leía en voz alta las palabras de David: «Como palmeras florecen los justos; como cedros del Líbano crecen» (Salmo 92:12).

En el margen izquierdo de su Biblia, tenía dibujada una hermosa palmera y escrito *YO* en letras negras debajo de su dibujo. «Bianca, esto no tiene sentido en este momento, pero Dios me habló. En su Palabra, Él me habló... Voy a florecer como una palmera. Voy a estar bien».

AMOR INQUEBRANTABLE EN TIEMPOS DE DESIERTO

La seguridad de mi madre era confusa para mí. Todas las señales apuntaban a un deterioro, no solo de su cuerpo, sino de mis esperanzas. Yo quería creerle; quería creer que tenía razón; solo que no podía reconciliar *cómo* sucedería.

Y yo no era la única que estaba perdida. Mi padre continuó dirigiendo la iglesia, y mis hermanos intentaron seguir adelante con sus vidas, pero todos estábamos viendo sufrir a un ser querido. Queríamos que el mundo se detuviera y llorara con nosotros, pero la vida cotidiana de las personas continuaba, sus citas médicas, sus obligaciones con la iglesia, sus exámenes universitarios y sus prácticas de baloncesto. Estábamos perdidos en la confusión, luchando por encontrar maneras de salir adelante.

Sin embargo, cuando afrontamos momentos difíciles (la pérdida de un ser querido, el dolor de un sueño roto o el llanto de un corazón destrozado), debemos poner un pie delante del otro y creer que Dios nos llevará al lugar donde necesitamos estar.

Aun así, ¿*dónde* está ese lugar? ¿*Cuál* es ese lugar? Como cristianos, nuestra esperanza es que logremos atravesar el desierto inhóspito. No podemos ver el final, pero así como Dios ha sacado adelante a los que nos precedieron, debemos creer que Él puede hacer lo mismo por nosotros.

Si el amor no solo es lo que *hace* Dios, sino quién *es* Él, nuestra esperanza está en Él y en la promesa de su Palabra.

Él nos guiará.

Él nos dirigirá.

Él proveerá para nosotros.

Él nos refinará.

Él nos dará lo que necesitamos en medio de nuestra confusión.

EL FOSO DESPUÉS DE LA CUMBRE

Moisés y los israelitas cantaron una canción de celebración después que Dios los rescató del ejército egipcio. Del lamento, Él los condujo a la alabanza. Habían presenciado lo milagroso: huyeron del cautiverio, vieron la división del mar Rojo y lo cruzaron sobre tierra seca a través del lecho marino antes de que las aguas se cerraran sobre sus perseguidores egipcios, ahogándolos a todos. Los israelitas no pudieron evitar alegrarse. Con panderos y un coro de voces, entonaron una canción de alabanza registrada en Éxodo. Con total confianza y entusiasmo, cantaron: «Por tu gran amor guías al pueblo que has rescatado; por tu fuerza los llevas a tu santa morada» (Éxodo 15:13).

Las palabras que cantaron contrastan de manera irónica con su fe decreciente y sus corazones olvidadizos. Los hijos de Israel debían aferrarse a las palabras que cantaban, porque estaban a punto de pasar por otro bache en la carretera, o de encontrarse en una conversación desértica, en el foso después de la cumbre.

Los hijos de Israel acababan de terminar su fiesta de alabanza en el desierto y danzaron, regocijándose debido a que derrotaron a los egipcios, cuando la historia dio un giro. Después de su milagrosa huida del cautiverio, los israelitas afrontaron un nuevo desafío: la sed.

Llevaban tres días sin agua. Hacía calor, estaban vagando, seguían a alguien a quien querían y odiaban al mismo tiempo, y ahora se morían de sed. ¿Parece melodramático? No. Los estudios médicos concuerdan en que un ser humano puede pasar un máximo de tres días sin agua. Y allí estaban ellos, caminando, vagando y murmurando para sí acerca de cuánta sed tenían.

Refunfuñaron y se quejaron de Moisés, y cuando por fin encontraron agua, era tan amarga como sus corazones. Quedaron deshechos. Las manos en las caderas, los ojos en blanco, los suspiros y las molestias indicaban con claridad que eran puertorriqueños. Quiero decir, que estaban molestos.

Una vez más, Dios proporcionó con exactitud lo que necesitaban en el tiempo adecuado.

Moisés clamó al Señor en su momento de necesidad. El Señor respondió, le mostró un pedazo de madera y le ordenó que lo arrojara al agua (Éxodo 15:25). Una vez que arrojó la madera al agua, se volvió potable. Los teólogos y horticultores están de acuerdo en que ciertos árboles pueden endulzar el agua y hacerla potable. Ninguno de estos árboles, sin embargo, existe en el desierto. ¡Ese pedazo de madera que Moisés tiró al agua fue todo un milagro!

Después de proporcionarle agua fresca, Dios guio a su pueblo a Elim, donde estuvieron rodeados por setenta palmeras. Vale la pena señalar aquí que la palmera se menciona en la Biblia en todo el Antiguo y el Nuevo Testamento con gran importancia y significado. Se utiliza para indicar abundancia. La palmera es el árbol de la provisión.

LA PALMERA

Para mi madre y para mí, la palmera simbolizaba una promesa. Oculta en los Salmos estaba la esperanza de que mamá fuera a estar bien. Y mientras nos recostábamos en el sofá, Dios proporcionó una palabra, aunque parecía que era demasiado tarde. Cuando pensamos que estamos en la cornisa y la muerte espera sobre el borde, Dios revela que no es una cornisa, sino solo un bordillo. Así como puede hacer dulce el agua amarga, Él puede convertir cornisas en bordillos; Él puede hacer que la vida rota sea íntegra de nuevo. Nuestro Dios nos puede llevar al lugar de las palmeras.

Crecí en California y por todas partes veía palmeras. No obstante, la palmera tiene un gran significado y propósito bíblico. Las palmeras citadas de manera profética en el Antiguo Testamento, pueden dar frutos hasta por un siglo, y se usaron ramas de palmera para darle la bienvenida al Mesías a Jerusalén (lee Juan 12:13). Me parece que las palmeras merecen un poco de atención, ¿verdad?

Durante su viaje por el desierto, los israelitas encontraron descanso y paz a la sombra de **setenta** palmeras y un oasis de agua en medio de un terreno desolado (Éxodo 15:27). ¡Qué regalo debe haber sido ese lugar de descanso tan necesario! Encontré un consuelo similar en la promesa de la palmera durante mi propio deambular. El versículo de mamá proporcionó sombra a mi desierto personal, y un oasis a mi desierto.

Me moví hacia el borde del sofá, tomé la Biblia de mi madre y la coloqué en mi regazo. Me quedé mirando su dibujo al lado del Salmo 92:12: «Como palmeras florecen los justos; como cedros del Líbano crecen».

Mientras mi madre leía este pasaje y susurraba su convicción en su sanidad total, supe que *necesitaba* profundizar en lo que significaba este pasaje. Si me aferrara a la esperanza, sabría que la encontraría en la verdad de la Palabra de Dios. Nada tendría más sentido en una época de confusión que la sencillez de los Salmos.

Fui a la oficina que mi padre tenía en casa y saqué el primer comentario que vi de la estantería. Las letras de oro en el lomo de color granate me hicieron sentir como si eligiera el recurso de investigación más académico. Si el Salmo 92:12 era la promesa de mi madre, quería asegurarme de saber de qué se trataba, para quién estaba destinada y cómo podíamos hacer que esta Escritura cobrara vida para ella.

En el comentario de Charles Spurgeon sobre el pasaje, leí que las palmeras perduran durante siglos, a diferencia de cualquier otro árbol. Spurgeon comparaba la fortaleza y la sostenibilidad de una palmera en el desierto con personas piadosas que defienden la justicia y aspiran a la gloria de Dios. Sin importar las circunstancias, los piadosos viven y prosperan allí donde todo lo demás perece. Las Escrituras no solo nos dicen qué son las personas justas, sino en qué se convertirán. «Pase lo que pase, el buen hombre florecerá y florecerá de la manera más noble»*. Mientras mi madre se aferraba al Salmo 92:12, observé el significado de la palmera y comencé a entender sus características y propiedades. Se convirtió en un faro de esperanza en los momentos más oscuros, y hasta el día de hoy sigue siendo un símbolo importante para mí.

La palmera es diferente a cualquier árbol, pues rompe las cosas que intentan atarla. Mientras que otros árboles absorben cables o cintas, la palmera es el único árbol que puede romper cualquier atadura alrededor de su tronco. Cuando mi madre se aferró a la creencia de que iba a florecer como una palmera, me aferré a la creencia de que nada podría atar la obra del Señor en su vida. Nada podría atar su identidad; ningún cable podría perforar su baúl. Muy pocos árboles pueden crecer en el desierto, pero la palmera no solo crece y florece; también produce frutos. Las raíces de una palmera se deslizan a lo profundo de arenas calientes para encontrar agua debajo de la superficie seca. A otros árboles, y personas, los pueden arrancar de raíz en un terreno desértico debido a que hay poca capacidad para desarrollar raíces fuertes allí. Sin embargo, como dice Jeremías: «Bendito el hombre que confía en el Señor y pone su confianza en él. Será como un árbol plantado junto al agua, que extiende sus raíces hacia la corriente; no teme que llegue el calor, y sus hojas están siempre verdes. En época de sequía no se angustia, y nunca deja de dar fruto» (Jeremías 17:7-8).

Los desastres naturales causan estragos en algunos de los árboles más fuertes, mientras que las palmeras permanecen. Sin importar los vientos furiosos que traería a su vida, mi madre se erguiría como una palmera. Las tormentas de la vida no causaban estragos en sus raíces, que eran profundas y anchas. Se doblaba, pero no se rompía.

En medio de su cáncer (su desierto, si se quiere), mamá era un oasis para muchas personas. Recuerdo que me decían a menudo cómo se habían acercado a mi madre, queriendo alentarla en su enfermedad, pero se alejaron sintiendo que las alentadas fueron ellas. Mi madre proporcionaba sombra y agua a las personas cansadas.

En Éxodo 15, los israelitas se refrescaron y renovaron cuando acamparon cerca de las corrientes de agua en Elim. Un conjunto de palmeras es una señal segura de agua para el pueblo de Dios. Y mi madre, como una sola palmera o como setenta, era un oasis para los demás mientras Dios le permitiera vivir.

CREE EN DIOS

Los israelitas habían visto a Dios hacer lo imposible mientras vagaban por el desierto. Y yo había presenciado las cosas milagrosas que Dios había hecho en mi propia vida. A pesar de eso, ¡qué rápido olvidamos!

Al igual que los israelitas olvidaron cómo Dios los liberó de Egipto, yo me había olvidado de las provisiones que recibimos durante mi niñez.

Cuando los israelitas se olvidaron de cómo Dios dividió el mar Rojo y les permitió caminar sobre tierra seca, olvidé que yo había viajado en un auto que nuestra familia recibió como un regalo benévolo. Mientras los israelitas olvidaban cómo Dios les había dado el maná para alimentarlos cada día, yo olvidé los milagros diarios que Dios había hecho en mi vida. Cuando nos olvidamos de lo que Dios *ha* hecho, esto nos hace dudar de lo que Él puede hacer. Cuando recordamos sus promesas, cuando recordamos su bondad, cuando recordamos sus milagros, podemos aferrarnos a la esperanza de que Él nos rescate en nuestro tiempo de necesidad.

Sosteniendo la Biblia de mi madre en mis manos, quise creer a toda costa que sanaría. El Salmo 92:12 fue un oasis para ella, así como Elim lo fue para los israelitas. Ella se refrescó y renovó a la sombra de la Palabra de Dios. Miré a mi frágil madre y vi paz en sus ojos y fe en su corazón. Contrario a las evaluaciones médicas, esperó.

Era una ilustración viva de Romanos 4: «Contra toda esperanza, Abraham creyó y esperó, y de este modo llegó a ser padre de muchas naciones, tal como se le había dicho: "¡Así de numerosa será tu descendencia!". Su fe no flaqueó, aunque reconocía que su cuerpo estaba como muerto, pues ya tenía unos cien años, y que también estaba muerta la matriz de Sara.

CUANDO NOS OLVIDAMOS DE LO QUE DIOS HA HECHO, ESTO NOS HACE DUDAR DE LO QUE ÉL PUEDE HACER.

Ante la promesa de Dios no vaciló como un incrédulo, sino que se reafirmó en su fe y dio gloria a Dios, plenamente convencido de que Dios tenía poder para cumplir lo que había prometido» (Romanos 4:18-21). Mi madre era un Abraham moderno. Contra toda esperanza, creyó en la esperanza. A pesar del silencio de Dios y la enfermedad que afrontaba, creyó que Dios revelaría su bondad en su vida. Confió en la Palabra de Dios para ella, que se levantaría como una palmera. Y a medida que sus raíces se profundizaban en la Palabra de Dios, supe que yo tenía que echar raíces por mis propios medios. Necesitaba atravesar mi época de fuego creciendo en mi fe, mis raíces extendiéndose a lo profundo en la esperanza de Dios. Esto era algo que mi madre no podía hacer por mí. Tenía que hacerlo por mí misma. Yo tenía que crecer. Tenía que echar raíces.

* Charles Spurgeon, *Psalms*, volumen II, Crossway, Wheaton, IL, 1993, p. 33.

Capítulo CATORCE

La comunidad

Yo tenía un increíble grupo de amigas (nos decían «Escuadrón antiexplosivos»), a quienes había conocido durante años. En cambio, la distancia, los nuevos empleos y las épocas cambiantes nos llevaron a todas en diferentes direcciones. La cercanía que una vez disfrutamos a través de la proximidad se vio afectada, dejándome aislada y temerosa de conocer gente nueva. Pronto me di cuenta de lo fácil que era ir a la iglesia, sentarse en la parte de atrás y salir sin conectarme con nadie. Me gustaba poder enmascarar mis problemas y desaparecer cuando me sentía incómoda.

Algo necesitaba cambiar; *yo* necesitaba cambiar. Por primera vez en años, me obligué a ser sincera con el lugar en el que estaba en mi vida. Todo el orgullo había desaparecido. Ningún recubrimiento era lo bastante grueso ni alto como para cubrir la pila de cenizas que era mi vida. Ya no tenía la voluntad de fingir que todo estaba bien con mi alma. Desapareció mi deseo de escapar. Lo que anhelaba era el avivamiento personal. Después de pensar en mi conversación con Kathy en el retiro de mujeres, comprendí la importancia de la sinceridad y la comunidad; el aislamiento estaba resultando peligroso. Ya sea en la prueba o en el triunfo, en la promesa o el dolor, no nos crearon para lidiar solos con la vida.

Todo, la pérdida de relaciones, el progreso profesional, mi rechazo a las visitantes bien intencionadas, pero emocionalmente poco inteligentes de mi madre, era agotador. Comprendí que tenía que estar en relación con las personas para que se produjera la transformación y se revelara la presencia de Dios. ¿Josué se dirige a la batalla? ¡Él necesitaba una comunidad! ¿Jesús cambia el mundo? ¡Lo hizo en comunidad! ¿Pablo escribe sus cartas a la iglesia primitiva? ¡Lo hizo en comunidad! Con los puños abiertos, renuncié al control y dejé entrar a nuevas amigas en la casa que yo había construido de manera aislada.

Me sentí incómoda y torpe. Era peor que un adolescente introvertido pidiéndole una cita a una chica popular. Entonces, me acerqué a Jeanette y Diane, a quienes no conocía muy bien, y les pregunté con nerviosismo si querían ser mis amigas. Fue muy incómodo. No pensé en lo que sucedería si decían que no, pero gracias a Dios no lo hicieron. Ambas indicaron que estaban buscando personas con las que pudieran ser sinceras por completo en un contexto cristiano. Jeanette estaba casada y era una nueva madre. Diane estaba soltera y trabajaba en el mundo corporativo. Nos atrajimos como lo hacen los polos opuestos. Nos preocupábamos por nuestros horarios, pero decidimos sacar tiempo para reunirnos.

Durante los meses siguientes, que se convirtieron en años, celebramos cumpleaños y éxitos, y nos apoyamos las unas a las otras a través de los fracasos. Después de mi punto de ignición en el desierto, una vez que todo quedó reducido a cenizas, ellas se convirtieron en mi oasis, en mis palmeras, en la respuesta a mi llanto. Se transformaron en recordatorios vivos de la promesa de Dios de que Él me daría lo que necesitaba si solo me inclinaba con humildad y clamaba.

Confiamos en Dios y avanzamos juntas por la vida. Un pie delante del otro, un día tras otro, creíamos que Dios no había terminado con nuestras vidas. Solo faltaba el cumplimiento de sus promesas. Juntas nos comprometimos a ser sinceras en la lucha y esperanzadas en el caos.

Mostrar debilidad te hace vulnerable, pero la vulnerabilidad demuestra tu fuerza. Es una paradoja que solo puedes entender cuando sobrevives siendo sincera acerca de dónde estás en la vida. Una vez escuché a la autora Brené Brown decir: «Lo que te hace vulnerable te hace bella».

¿Qué haces cuando se consume todo, cuando no queda nada? Haces cosas que nunca pensaste que harías voluntariamente. Con humildad y desesperación total, les confesé a mis amigas de confianza toda la carga que sentía. Creía en la Palabra de Dios y sabía que sanaríamos si confesábamos nuestros pecados y orábamos los unos por los otros. (¡Denme a Santiago 5:16 TODO el día!). Clamé a Dios y creo firmemente que Él me envió a la comunidad para acompañarme cuando me sintiera débil. No fue fácil. No fue natural. No fue rápido. Pero fue necesario.

Entonces, «comunidad», «hacer vida» y «tener comunión con la gente» son cosas que comprendí que necesitaba. Estas quizá parezcan palabras cristianas vacías si no exploramos lo que quieren decir *en realidad*. La verdadera comunidad significa la voluntad de quitarse la máscara y derribar tu fachada. Sin embargo, ¿cómo podemos permitirnos ser vulnerables y transparentes cuando no sabemos en quién podemos confiar? La respuesta es simple: encontrar personas que busquen lo mismo.

HERMANDAD EN LA TRINCHERA

En tiempos de fuego, los amigos son una necesidad. Sé esto de primera mano. Entonces, más allá de mi propia experiencia, las Escrituras nos enseñan este mismo principio. La Biblia está llena de hermosas historias de amigos que permanecieron juntos incluso cuando las cosas se pusieron candentes.

Hay un relato asombroso en el libro de Daniel sobre tres amigos que demuestran el poder de la unidad, la solidaridad y la fe bajo fuego. Literalmente.

Daniel narra el exilio de Judá de Israel y la captura de algunos jóvenes selectos hebreos, que se debían instruir en el palacio real del rey de Babilonia, Nabucodonosor. De los exiliados de Nabucodonosor, cuatro (Daniel, Sadrac, Mesac y Abednego) sobresalieron del resto y los elevaron a posiciones de influencia y poder. Ahora, imagina que todos están en una fiesta enorme, en una celebración para dedicar una estatua encargada por el rey Nabucodonosor. Esto no solo fue una ceremonia de cortar la cinta en el ayuntamiento con unas tijeras cómicamente grandes. Fue un verdadero furor, ¡y a todos los invitaron con sus madres! La flor y nata de la época (es decir, los líderes políticos y los funcionarios) asistió a la ceremonia, y cuando se reunieron ante esta colosal estatua de oro de veintisiete metros, se inclinaron a la vez (Daniel 3).

No sabemos qué representaba la estatua, pero algunas personas creen que se esculpió a semejanza del mismo rey Nabucodonosor. Si de veras fuera Nabucodonosor, sería un movimiento más ostentoso de lo que incluso podría lograr el rapero Kanye West. Como punto de referencia para ayudarnos a comprender el tamaño de esta estatua, la icónica estatua del Cristo Redentor en Río de Janeiro, Brasil, tiene treinta y ocho metros de altura y está hecha de piedra. Imagina una estatua similar de oro sólido, brillando bajo el sol, con miles de personas reunidas a su alrededor para adorarla. Y, luego, considera esto: quien no se inclinara y adorara a la estatua lo arrojarían a un horno en llamas. (¡Los babilonios no se andaban con rodeos! Se tomaban en serio sus dioses, su adoración y sus reglas).

Bueno, los cuatro exiliados hebreos se habían ganado el favor del rey. Y, por supuesto, cuando las personas son elevadas, aparecen otras que los odian. Nos dicen que un grupo de soplones se acercaron al rey

Nabucodonosor y acusaron a Sadrac, Mesac y Abednego de negarse a inclinarse en adoración ante el ídolo. Esto no era una mentira. Los tres adolescentes servían al único Dios verdadero y recordaban el primer mandamiento entregado por Moisés:

> *Yo soy el SEÑOR tu Dios. Yo te saqué de Egipto, del país donde eras esclavo. No tengas otros dioses además de mí. No te hagas ningún ídolo, ni nada que guarde semejanza con lo que hay arriba en el cielo, ni con lo que hay abajo en la tierra, ni con lo que hay en las aguas debajo de la tierra. No te inclines delante de ellos ni los adores. Yo, el SEÑOR tu Dios, soy un Dios celoso.* (Éxodo 20:2-5)

En comunidad, los tres juntos, Sadrac, Mesac y Abednego, lo recordaron. No adoptaron las formas de adoración ni identidad babilónicas. Se mantuvieron fieles, a pesar de que eso significaba que les arrojaran al horno. Sadrac, cuyo nombre israelita significa *amado por Dios*; Mesac, cuyo nombre israelita significa *quien es como Dios*; y Abednego, cuyo nombre israelita significa *el Señor es mi Dios*; permanecieron fieles a su único Dios verdadero, su libertador del desierto.

Entonces, ¿honraría Dios su fidelidad?

OPCIONES Y OFERTAS

A veces queremos gangas o formas fáciles de salir de situaciones difíciles. A veces queremos que nos saquen del desierto o del horno. Es normal. Y en ocasiones, adorar a un dios falso, incluso a los dioses del materialismo, las relaciones o la salud, parece ser la salida fácil. En cambio, solo porque haya un camino fácil no significa que sea el camino adecuado.

Si yo hubiera existido durante el tiempo del rey Nabucodonosor, temo que mi deseo de seguridad y, ah, no sé, de *vivir*, habría sido superior a mis convicciones. Pongámonos en los zapatos de los chicos (está bien, en las sandalias). Fueron objetos de la trata desde su tierra natal. Es probable que sus padres estuvieran muertos. Los arrojaron a una nueva cultura, a un nuevo idioma y a una nueva religión, a un culto basado en la astrología que no consideraríamos nada más que brujería. Encontraron favor e influencia, pero también encontraron algunos enemigos y disidentes que querían destruirlos y orquestar su desaparición. ¿Yo sería capaz de soportar tales presiones? ¿Lo soportarías tú?

Miles, sino millones de personas, se inclinaron ante un dios tallado en oro. La música retumbaba, la fiesta alcanzó su apogeo, todos vinieron para las festividades, y de seguro que nuestros héroes hebreos analizaban la situación, y tal vez oraran al único Dios verdadero por la decisión que tendrían que tomar.

Esta historia tuvo lugar hace miles de años, ¿pero no afrontamos hoy decisiones similares? ¿Nos inclinamos ante los pequeños ídolos que existen en nuestra vida cotidiana? ¿Renunciamos a nuestras convicciones cuando hay presión social? En mi desierto inhóspito, intenté anestesiar emociones y deseos para dejar de sentirlas. ¿Compras crónicas? Sí. ¿Deudas en la tarjeta de crédito? Absolutamente. ¿Comer para adormecer el dolor? Por supuesto. Sufrí de Desierto Cerebral y olvidé las formas en que Dios nos proveyó a mi familia y a mí durante tanto tiempo. Olvidé mi nombre dado por Dios: Hija de Dios. Es obvio que casi todos nosotros nunca nos encontraremos con una estatua de oro de veintisiete metros que se espera que adoremos, pero hay formas en que doblamos las rodillas para mantenernos a salvo, pasar inadvertidos y evitar el fuego.

¿No tienes el dinero para comprar la ropa perfecta que quieres? Cárgala a tu tarjeta de crédito. Tu nombre es **No es Suficiente.**

¿No tienes lo mismo que ellos? Chismea sobre ellos hasta que te sientas mejor contigo misma. Tu nombre es **Envidia Amarga.**

¿No tienes el matrimonio perfecto con la persona perfecta? Descarga un poco de pornografía. Tu nombre es **Adicto Justificado.**

¿No te gusta mirarte al espejo? Compra unas pastillas para adelgazar o hazte una liposucción. Tu nombre es **Fea.**

¿No tienes una manera de relajarte? Toma cinco copas de vino. ¿Por qué parar en la primera? Tu nombre es **Sola por Completo.**

Por encima de cualquier nombre que se nos haya dado, por nosotros mismos o por otros, el nombre que nunca debemos olvidar es el de Hijo de Dios. Como hijos del único Dios verdadero, no hay poder, fortaleza ni adicción que pueda superarnos. Él está en nuestro pasado, con nosotros en el presente y orquestando nuestro futuro. En el momento en que olvidamos quiénes somos, nos encontramos inclinados ante los pequeños dioses sin poder para transformarnos.

A TRAVÉS DEL FUEGO

Nabucodonosor confrontó a Sadrac, Mesac y Abednego al preguntarles si era cierto: ¿se habían negado a inclinarse ante el ídolo? Ellos confirmaron su desobediencia y, en una declaración audaz, le informaron al rey que Dios los rescataría del horno más feroz. Incluso, que si Él no lo hacía, dijeron, *nunca* se inclinarían ante la imagen de oro. No sé cómo lees la Biblia, ¡pero estos muchachos se pusieron de pie y agraviaron al rey de forma desafiante! Qué confianza. Qué fe. Qué desfachatez. Sin embargo, cuando sabes quién eres y a quién sirves, tienes la audacia de declarar la voluntad de Dios por encima de todo, incluyendo la vida.

Sadrac, Mesac y Abednego confesaron su fe *antes de entrar* en el fuego, pero su fe se probó *en* el fuego. No fue hasta que se probó su fe que no solo se volvió real para ellos, sino para todos los que los rodeaban.

Como los muchachos se negaron a inclinarse, el rey les ordenó entrar al horno de fuego. Uno por uno, los arrojaron al fuego. Entonces, sucedió algo asombroso: en lugar de morir en el horno, los testigos vieron que caminaban en el fuego. Lo que es más asombroso aún, el mismo rey Nabucodonosor vio una cuarta persona en las llamas. Los estudiosos de la Biblia debaten quién fue esa cuarta figura en el fuego, pero creo que se trataba de una teofanía. **En el fuego, la presencia misma de Dios se le reveló a esta hermandad en la trinchera.**

Nuestra liberación no va a llegar desde *fuera* del horno. La única forma de liberarte es a *través* del fuego. En el fuego es que se nos refina. En el fuego es que se nos libera. Lo mismo que se supone que debe matarnos puede liberarnos, y ayudarnos a entrar en la presencia de Dios en formas que nunca antes hemos conocido.

Sé que no fue hasta que me mantuve firme en las promesas de Dios que pude resistir mi propio horno. ¿Y mi comunidad de amigas? Lo hicieron más fácil. Nada tenía sentido y nada parecía seguro, pero sabía que tenía que entrar a lo que me llamaba Dios. Fue como si me susurrara: *Acepta lo desconocido y confía en que te espera la transformación.*

La profecía declarada en Isaías 43 se demostró en la vida de estos jóvenes. Desde niños les enseñaron a memorizar los versículos de los profetas, los mismos que memoricé yo en la clase del señor Charles en la Escuela Dominical. Las Escrituras les habrían recordado su herencia y destino. Habían leído a los profetas tal como los leo yo, y quizá recordaran estas palabras:

«Cuando cruces las aguas, yo estaré contigo; cuando cruces los ríos, no te cubrirán sus aguas; cuando camines por el fuego, *no te quemarás ni te abrasarán* las llamas» (Isaías 43:2, énfasis añadido).

Con el apoyo de mis amigas y mi nueva comprensión de cómo Dios usaba el fuego en mi vida, me rendí y declaré con audacia: *Dios, sé que puedes curar a mi madre. Pero incluso, si no lo haces, te elijo a ti. Ya no me inclinaré ante falsos ídolos. No voy a renunciar a mamá ni a ti. Soy toda tuya. Haz lo que quieras.*

NUESTRA LIBERACIÓN NO VA A LLEGAR DESDE FUERA DEL HORNO. LA ÚNICA FORMA DE LIBERARTE ES A TRAVÉS DEL FUEGO.

Capítulo QUINCE

Escucha de Dios

Como niña de iglesia, crecí alrededor de muchos cristianos. Como hija de un pastor, conocía las historias bíblicas y la teología mejor que la historia de Estados Unidos. Como hija de mis padres, los vi escuchar a Dios de distintas formas y di por sentado que yo crecería y aprendería a escuchar a Dios de la misma manera. Ya sea que mis padres estuvieran enseñando la Biblia u orando por la gente, era como si tuvieran una línea directa con Dios, así como el comisionado Gordon tenía un teléfono rojo para Batman.

Sin embargo, yo era una adulta (o al menos parecía una) y aún no había «escuchado de Dios» de la forma en que pensaba que debía hacerlo. Mi lado amante de la ley, autosuficiente y legalista, hacía bien todas las cosas. Desde orar *con* la gente hasta que la gente orara *por* mí, leer mi Biblia y estudiarla exegéticamente, quería conocer la voluntad de Dios para mi vida y escuchar de Él como me habían dicho que podía hacerlo. Sabía que, como seguidora de Cristo llena del Espíritu, tenía la capacidad de escuchar a Dios; solo que no sabía cómo hacerlo.

Por supuesto, la Biblia es nuestra guía principal para conocer a Dios y su voluntad para nuestras vidas. Así que después de años de leer línea tras línea, versículo tras versículo, capítulo tras capítulo y libro tras libro de la Biblia, me desanimé y me sentí abandonada en mi búsqueda por escuchar de Dios. Si su voz era una frecuencia de radio, yo estaba en un ancho de banda diferente por completo.

Pensé que se suponía que debías escuchar a Dios de una manera particular, pero como Kathy me recordó en el retiro, hay muchas maneras distintas en que podemos escucharlo. En los momentos en que pensé que Dios guardaba silencio, lo cierto es que Él me hablaba, pero de maneras diferentes a las que esperaba yo.

A través de las indicaciones del Espíritu Santo, tenemos acceso directo para escuchar a Dios. Es posible que no lo escuchemos como lo hacen otras personas, pero debemos confiar en que Dios nos está hablando y, por medio de nosotros, con su Espíritu.

No quiero simplificar demasiado las cosas, pero al estudiar cómo escuchar de Dios, encontré algunos términos de mi amiga Havilah Cunnington que pueden ayudarnos a identificarnos y equiparnos para detectar la voz de Dios. Repito, no quiero categorizar ni limitar la naturaleza de Dios, pero en aras de la sencillez, voy a desglosar los cuatro tipos de personalidades humanas (conocedores, videntes, oyentes y experimentadores) y te mostraré cómo esas personalidades pueden aprender a escuchar a Dios.

Los conocedores usan su intuición o instinto para entender la voz de Dios. Solo tienen un sentido «visceral», o saben algo de forma intrínseca. Ya se trate de una impresión o de una convicción mental, los conocedores tienen la capacidad de atravesar barreras y, en general, tienen razón acerca de la forma en que se desarrollarán las cosas. Cuando se encuentran con la Palabra de Dios, pocas cosas detendrán su convicción y resolución. Un ejemplo bíblico de un conocedor proviene del libro de Josué. En el capítulo 7, versículos 10-11, leemos que Josué sabía del pecado de Acán y de los artículos que robó durante una incursión. Otro ejemplo de un conocedor se ilustra en 2 Reyes, la época en que Eliseo supo a través de la revelación que Guiezi le mintió a Naamán para su propio beneficio (2 Reyes 5:20-27).

Hechos 16 proporciona otro ejemplo de un conocedor. Pablo, que había tenido visiones y escuchado de manera física de Dios, solo decidió, por intuición, hacer su viaje en compañía de Timoteo. Vemos el fruto de su *conocimiento* de la iglesia y el ministerio que resultó de la vida de Timoteo.

Los videntes saben cómo deberían ser las cosas debido a las imágenes visuales que reciben. Una vez que obtienen una visión de Dios, se llenan de fe y creen que no es una cuestión de *si* se cumplirá la visión, sino de *cuándo*.

Cuando Dios les habla a los videntes, ven algo ya sea con sus ojos naturales o, de manera más común, con su espíritu. Una visión puede ser una imagen fija, imágenes en movimiento o un sueño mientras duermen.

Tenemos relatos bíblicos de dos profetas que fueron videntes. En 1 Crónicas, la Biblia registra los acontecimientos del reinado del rey David y dice: «desde el primero hasta el último, están escritos en las crónicas del vidente Samuel, en las crónicas del profeta Natán y en las crónicas del vidente Gad» (1 Crónicas 29:29, LBLA).

Los oyentes escuchan la voz de Dios. Ya sea un sonido audible o una voz interna, los oyentes pueden discernir lo que dice Dios. Tienen fuertes convicciones de que lo que escuchan es la verdad y se aferran a la palabra que les dijo el Señor. Debido a que pueden señalar de manera específica un momento o lugar donde Dios les habló, su confianza se basa en lo que escucharon de Él.

En 1 Samuel 3, el joven profeta Samuel escuchó directamente de Dios. Ya sea una voz audible o algo que Samuel escuchó en su interior, es un hermoso ejemplo de Dios hablando de forma directa a uno de sus hijos. Samuel respondió con devoción: «Habla, que tu siervo escucha» (v. 10). En Hechos 9, Dios también le habló directamente a Pablo. Sabemos que fue audible porque los hombres que viajaban con Pablo también lo escucharon (Hechos 9:7).

Por último, están los **experimentadores**, que son mis favoritos. Están acostumbrados a que Dios los interrumpa de manera emocional, y tienen ideas de las emociones de Dios de formas inauditas. Los experimentadores tienden a ser capaces de captar los sentimientos de los demás o de «sentir» un entorno. Debido a que son propensos a sentir la emoción y la atmósfera, pueden captar momentos espirituales que otros podrían pasar por alto.

Durante el Pentecostés, el Espíritu Santo vino de manera poderosa y cambió muchas vidas. La Biblia de las Américas describe un temor que le sobrevino a las almas de las personas, y la Nueva Versión Internacional dice que se llenaron de asombro (Hechos 2:43a). Sus sentimientos precedieron a las señales y maravillas que siguieron (Hechos 2:43b).

Dios puede revelarse a sí mismo a través de su Palabra (información) y a través de lo profético (revelación). Ambas son necesarias para el equilibrio, y nos permiten experimentar a Dios de maneras que nunca creímos posibles. Cuando entendemos las diferentes maneras en que Dios nos trae sus revelaciones, podemos ser osados y creer que Dios nos está hablando.

ESCUCHA

Me senté en un auditorio atestado con casi mil pastores y jóvenes voluntarios. La música de adoración sonaba en el fondo, pero había una quietud. El personal de la iglesia y voluntarios de todo el país se reunieron para una conferencia anual de trabajadores juveniles. Se nos dijo que habría una noche de adoración en la que se nos alentaría a orar por nuestros ministerios juveniles, iglesias y colaboradores. Yo asistía sola a la conferencia y no conocía a mucha gente. Sin embargo, la organizadora de la conferencia era una amiga de mucho tiempo y me animó para que asistiera, así fuera sola.

La última noche, Britt Merrick, mi amigo (y organizador de la conferencia), dijo que quería que escucháramos de Dios y que confiáramos en Él para que entrara en nuestras vidas y corazones. Aunque yo había sido cristiana desde hacía mucho tiempo, me sentía como una niña pequeña que recién aprendía a caminar y hablar. Quizá mi nueva fe, nacida del fuego del desierto, fuera tambaleante, pero yo estaba dando pasos para confiar en Dios cada día. Había desechado el repertorio religioso de mi fe de fachada, extendiéndolo a un lenguaje más simple e infantil. *Dios mío, sé que estás allí, así que... ¿puedes hablar conmigo?* Es evidente que mi vida de oración era prolífica y profunda a la vez. Miré con fijeza un versículo que tenía escrito en el interior de la cubierta de mi Biblia: *Quédense quietos, reconozcan,* y creí que era mi versículo. Con tanta claridad como Dios les habló al señor Charles, a mi madre y a Kathy, Él también podría, así lo creía, hablarme a mí. Yo quería, no, *necesitaba,* escuchar de Dios. Y sabía que tenía que estar quieta.

Durante nuestro tiempo de adoración, me senté un momento y cerré los ojos para orar. *Querido Dios, quiero... experimentarte de veras. Quiero decir, sé que estás ahí y sé que me amas,* Al instante, abrí mis ojos y pensé: ¡¿En qué estoy pensando?! ¡Estoy en la iglesia! (Para ser bien clara, no imaginé personas teniendo relaciones sexuales, sino que solo vi aparecer las cuatro letras en mi mente. Y seamos realistas: como una virgen de veintisiete años, es probable que no podría haber imaginado ese acto de todos modos).

De inmediato, comencé a avergonzarme por no concentrarme en nuestro tiempo de adoración. Aun así, me acordé de Kathy en sus zapatos ortopédicos blancos un año antes en el retiro de mujeres, lo cual me recordó que debía probar las cosas en las Escrituras y orar a través de todas las cosas. *Dios revelará y traerá claridad cuando Él te esté hablando,* dijo ella.

Mi corazón latía con fuerza en mi pecho. ¿Esto provenía de Dios? ¿Me hablaba a mí? ¿POR QUÉ ESTO TENÍA QUE TRATAR SOBRE EL SEXO?

Me senté en mi silla, la música de adoración llenaba la habitación a mi alrededor y no sabía qué hacer. Al igual que Gedeón, el guerrero dudoso en el Antiguo Testamento, saqué disculpas y le dije a Dios que tenía que confirmarme lo que sucedía en el mundo. Elevé esta oración llena de fe: *Dios, si me estás diciendo algo, demuéstralo.* Siendo tan nerda como soy, hice lo único que sabía hacer: agarré mi Biblia. Nunca sugeriría hacer esto, porque escuchar de Dios no es como una ruleta en la que obtienes un número o una palabra suya al azar. Sin embargo, me sentía desesperada y era ingenua. Oré: *Dios, si esto es lo que me estás diciendo, muéstramelo a través de tu Palabra.* Hojeé la mitad de la Biblia y abrí una página al azar, probando las indicaciones de Dios al igual que Gedeón.

El primer verso en el que se posaron mis ojos fue en Job 31:1: «Yo había convenido con mis ojos no mirar con lujuria a ninguna mujer». Mis ojos se abrieron y cerré mi Biblia de golpe. Mi corazón se aceleró, y fue como si supiera al instante lo que sucedía. Dios me reveló algo de una manera divina. Escuché a Dios. Supe que lo había escuchado, pero no sabía qué hacer.

Mientras esto sucedía, Britt se acercó al micrófono y anunció: «Jesús dijo que tenemos un defensor y un alentador en su Espíritu Santo a fin de que hable y saque cosas a la luz. Creo que Dios les está hablando a algunos de ustedes aquí, incluso ahora, a través de palabras de conocimiento, de aliento o de profecía». Yo estaba familiarizada con los pasajes de Romanos y 1 Corintios acerca de los dones del Espíritu Santo, pero era la segunda vez que estaba en un entorno en el que nos invitaban de manera abierta a participar en el ejercicio de estos dones y con serenidad.

Me dejé caer en mi silla y traté de evitar el campo visual de Britt, pues temí que me estuviera hablando. ¿Cómo podía saber que acababa de escuchar de Dios? ¿Y qué se suponía que debía hacer con mi conocimiento?

Britt hizo una invitación abierta para que se acercaran al micrófono y fueran al escenario para leer pasajes de las Escrituras, dar palabras de aliento o expresar cualquier otra cosa que inquietara sus corazones. Luego, volvió a su asiento. Nadie se movió mientras la banda seguía tocando. No puedo explicar lo que sucedió dentro de mí con otra palabra que no sea *obligada*. Me vi obligada a pararme, caminar por el auditorio abarrotado y decirle a Britt lo que creía que me mostró Dios.

Tratando de ser discreta, di la vuelta por la periferia del auditorio. Me acerqué a Britt mientras la gente seguía cantando. Me agaché frente a él y le indiqué que se acercara para poder susurrarle algo. Se inclinó y le dije: «Alguien aquí está durmiendo con una persona con quien no está casada, y Dios los está llamando. Bueno, adiós».

Alcanzó mi hombro para evitar que yo saliera corriendo y dijo con audacia: «Ve a contarlo».

Mi cara palideció y mi corazón latió tan fuerte que sentí la sangre martillar en mis sienes. Le dije a Britt que no. Él me dijo que sí. Le dije que no podía. Él me dijo que yo podía. Ganó él.

Se puso de pie y puso su brazo alrededor de mi hombro para acompañarme al escenario. La adoración se detuvo por un momento mientras él le explicaba a la audiencia que iba a decir algo. Cuando me acerqué al podio, exhalé, cerré los ojos por un segundo y luego repetí de manera resuelta lo que le dije a Britt momentos antes.

Una palabra de conocimiento es una convicción o conocimiento definido que se da a través de un pasaje de la Escritura, visión o sueño en particular. Es una percepción o comprensión sobrenatural de circunstancias, situaciones, problemas o hechos por la *revelación* (que es una palabra refinada que significa saber algo a través de la ayuda divina, y no de la sabiduría humana).

La palabra que escuché era clara, y supe más allá de cualquier duda en mi corazón que Dios me habló, y lo que me decía. La banda dejó de tocar cuando dije: «Aquí hay un pastor de jóvenes que está durmiendo con una de sus voluntarias. Sabes que eso está mal, pero no te has detenido. Es evidente que debes retirarte del ministerio y arrepentirte, o arrastrarás contigo a todo tu ministerio de jóvenes».

Me empezaron a temblar las manos en el instante en que bajé del escenario. Literalmente temblaba de miedo. De repente sentí que todo lo que acababa de decir fue un invento. La seguridad que sentía solo unos momentos antes desapareció cuando regresé a mi asiento. Nunca me había sentido más tonta que en ese momento cuando la vergüenza comenzó a aparecer e invadió mi mente. *Dios no te habló. Solo inventaste eso. ¿De veras necesitas tanta atención que inventaste una mentira?*

Terminamos la noche con una oración, y salí del edificio en silencio antes que todos los demás. Quería llegar a mi habitación antes de tener que hacer contacto visual con alguien. Salí corriendo del edificio como si se tratara de una marcha olímpica de velocidad. Casi había llegado al dormitorio donde me alojaba cuando uno de los coordinadores de la conferencia me detuvo.

Sin aliento por haberme perseguido desde el auditorio, me dijo que quería confirmar la palabra que yo hablé. Mis ojos se agrandaron, y mi mandíbula se abrió en señal de sorpresa. Me explicó que no podía contar detalles por respeto a los involucrados, pero que un pastor de jóvenes se presentó a orar y confesó que mantenía una aventura con una de sus voluntarias que se encontraba con él en la Conferencia. Ambos confesaron su pecado con lágrimas y arrepentimiento, y dijeron que sabían que debían retirarse del ministerio.

Lo que quería hacer: Tirar un pañuelo de alabanza, saltar arriba y abajo, y lanzar mis brazos alrededor de su cuello con pura emoción porque (1) no era una falsa profetiza (que, en los tiempos del Antiguo Testamento, podrían haberme apedreado por herejía), y (2) había escuchado de Dios y no estaba loca.

Lo que hice: Le agradecí de manera calmada como lo haría una persona sensata y le dije lo agradecida que estaba por haberme informado y confirmado lo que me dijo Dios. De vuelta en mi dormitorio, llamé a mi mamá antes de que llegara alguna de mis compañeras de cuarto. Con total emoción, le conté toda la historia una y otra vez hasta que ella no tuvo más preguntas. Ambas reímos con deleite y no solo alabamos a Dios por traerles restauración y libertad a los dos líderes involucrados en el asunto, sino también por la promesa de Dios de hablarles a sus hijos (Juan 14:16-17).

Me acosté y le di las gracias a Dios esa noche. No fue una actividad rutinaria. Repetí las palabras de uno de mis autores favoritos: «Por favor, Dios, por favor, Dios, por favor, Dios» y «Gracias, gracias, gracias». Su presencia fue muy cercana, sus palabras fueron muy reales, sus promesas se cumplieron. Cerré los ojos y sentí que las palabras de Samuel (1 Samuel 3:10) se hicieron realidad para mí. Las canciones que había entonado en el desierto llegaron a oídos de Dios. Por primera vez en tres años, mi corazón estaba seguro de que Dios escuchó mi grito más profundo: *Habla, Señor, que te escucho.*

PEREGRINACIÓN POR EL DESIERTO

Aunque las épocas en el desierto parecen interminables, sabemos que, a la larga, todas las cosas llegan a su fin. El libro de Deuteronomio es una crónica de la última parte del viaje del éxodo de los israelitas. Después que Moisés vagara por cuarenta años, Dios le habló y algo cambió.

Al comienzo del segundo capítulo de Deuteronomio, hay una sección con un título en letras grandes y en negrita. (Bueno, tendrás ese título si tienes una Biblia elegante con mapas en la parte posterior y una concordancia. Si no tienes una, pídele a tu pastor que te dé una. Los pastores siempre te darán una buena Biblia. Estoy bastante segura de que es parte de su contenido de trabajo). De todos modos, el título de la sección es sencillo: *Peregrinación por el desierto*. Esta es la primera vez que el lenguaje explica de veras que los cuarenta años anteriores solo fueron peregrinaciones. Aquí es donde las cosas comenzaron a cambiar.

Es probable que fuera un día normal en el desierto, como el día antes de ese, el día antes de ese y el día antes de ese. Los hijos de Israel estaban vagando. Un pie delante del otro, día tras día, semana tras semana, mes tras mes, durante cuarenta años. Sin embargo, algo cambió en ese día en particular. Dios le habló a Moisés y le dijo: «Dejen ya de andar rondando por estas montañas, y diríjanse al norte» (Deuteronomio 2:3).

¿No es así que funciona la vida a veces? Oramos, nos golpeamos el pecho, lloramos, gritamos, pateamos y, luego, el Señor responde sin fanfarria ni dramatismo. Cuando llegamos al final de nosotros mismos, cuando nos rendimos, Él habla y la vida cambia. Así les sucedió a los israelitas. Todos esos años, clamaron a Dios. Todos esos años, también oré para que algo cambiara. En cambio, Dios no respondió al principio. A veces, su respuesta solo llega después de la transformación.

Pensé que quería un esposo, una casa en la playa y una madre que no tuviera cáncer. Pensé que quería estatus, educación y la carrera perfecta. Pensé que necesitaba control, perfección y prestigio. Sin embargo, en mi peregrinación por el desierto, descubrí que todas estas cosas eran temporales, explosivas. Lo único que podía satisfacer mi necesidad más profunda era la cercanía y la comunicación con Dios. Escuchar de Él me trajo una completa satisfacción.

Mamá aún tenía cáncer. Yo vivía todavía con mis padres. Mi historial de citas aún era lamentable. Nada había cambiado, al menos no mis circunstancias. Entonces, de alguna manera, mi realidad espiritual había cambiado. A pesar de que aún estaba en medio del caos, experimenté la mayor libertad y transformación porque sabía que Dios estaba conmigo.

Sabía que las cosas estaban cambiando. Creí que mi Tierra Prometida estaba cerca.

Capítulo **DIECISÉIS**

Empoderada

Cuando era pequeña, creía que Dios nos promete el cumplimiento a través de la presencia de su Espíritu, pero durante mucho tiempo, sentí que esa promesa solo era para ciertas personas. El Espíritu Santo estaba reservado para quienes no veían programas de telerrealidad, se sentaban en la primera fila de la iglesia o asistían a iglesias carismáticas o «guiadas por el Espíritu». Sin embargo, cuanto más leía e investigaba sobre el Espíritu Santo, más descubría el poder del Espíritu Santo para cada creyente. Incluso para mí.

Consideren este pasaje en Lucas:

Así que yo les digo: Pidan, y se les dará; busquen, y encontrarán; llamen, y se les abrirá la puerta. Porque todo el que pide recibe; el que busca encuentra; y al que llama, se le abre. ¿Quién de ustedes que sea padre, si su hijo le pide un pescado, le dará en cambio una serpiente? ¿O, si le pide un huevo, le dará un escorpión? Pues, si ustedes, aun siendo malos, saben dar cosas buenas a sus hijos, ¡cuánto más el Padre celestial dará el *Espíritu Santo* a quienes se lo pidan! (Lucas 11:9-13, énfasis añadido)

El Espíritu Santo se le promete a quienes lo piden. De esa manera lo hice yo, solo así. No solo por una muleta o como un mecanismo de afrontamiento, pedí por *todo* el fruto del Espíritu Santo y *todos* sus dones. ¡Oré literalmente por una porción doble del Espíritu Santo! Si Jesús dijo que pidieras el Espíritu y que Él te lo daría, yo iba a aceptar su palabra. Comprendí que no se trataba de si Dios iba a curar o no a mi madre. Por primera vez en mi vida, anhelé la *presencia* de Dios más que el *poder* de Dios.

ESPÍRITU SANTO

Si observamos el alcance de lo que hizo Jesús aquí en la tierra, sus obras son tanto naturales (amar a los marginados, hablar con los impuros y perdonar a los enemigos), como sobrenaturales (sanar a los cojos, hacer que los ciegos vean, resucitar a los muertos). Entonces, antes de abandonar esta tierra, Jesús les prometió a sus discípulos que harían obras más grandes que las que Él hizo gracias al poder del Espíritu Santo.

Podemos tener diferentes reacciones cuando hablamos del Espíritu Santo. Si creciste en un ambiente carismático, esto podría inspirarte a tomar tu pandereta, recoger tu estandarte de alabanza y correr alrededor del santuario de una iglesia. Si creciste en un ambiente más conservador (como yo), es posible que desees esconderte porque la idea de hablar en lenguas y sobre el «Espíritu Santo» es aterradora. Toda mi vida le atribuí al Espíritu Santo cosas que parecían ser sobrenaturales, mientras rechazaba o pasaba por alto su presencia en cosas cotidianas y naturales. A menos que sucedieran cosas locas, como los cheques misteriosos que recibimos para pagar el alquiler o los alimentos milagrosos que nos daban en momentos de necesidad, no reconocí al Espíritu Santo obrar en el día a día.

En la vida documentada de Jesús, vemos sus acciones cotidianas, desde jugar con los niños hasta discutir de teología, como ejemplos de cómo debemos vivir. El comportamiento de Jesús estaba centrado en el amor, la gracia y la bondad. ¿Necesitamos al Espíritu Santo para esto? ¡Absolutamente! (Si alguna vez tienes que lidiar con niños que gritan, de seguro que necesitarás el poder de Dios para sobrevivir).

Jesús también hizo algunas cosas bastante notables que clasificaríamos como sobrenaturales. Les hablaba proféticamente a las personas, multiplicaba las comidas y tenía la capacidad de controlar los patrones climáticos (¿alguien del mar de Galilea?). La vida diaria de Jesús estaba impregnada del poder del Espíritu.

Por primera vez en mi vida en el retiro de mujeres con mi madre, y luego de rodeada de mujeres de gran fe, tuve una experiencia tangible y real sobre la plenitud del Espíritu, la promesa suprema de Dios. Fui testigo de la reconciliación de las relaciones, la restauración de la esperanza y del poderoso anuncio de la Palabra de Dios. También fui testigo del poder sobrenatural de un Dios extraordinario que entra en la vida de las personas comunes, un poder que no puede explicarse salvo por medio del Espíritu Santo. Me tomó un tiempo antes de sentir que el Espíritu entraba otra vez de esa manera, pero ese retiro fue el comienzo.

Al repasar todas las cosas sobrenaturales que vi y escuché esa noche, lo más milagroso de todo fue ver a las mujeres aceptar a Jesús como su Señor y Salvador personal. Conocí a mujeres que habían estado orando por sus seres queridos (amigas, hijas, hermanas) y a quienes habían invitado al retiro. Vi cómo estas mujeres que estaban espiritualmente perdidas encontraron su camino a Jesús ¿Y qué? Ese fue el milagro más hermoso y poderoso de todos.

Ahora, yo había tenido mi propio empoderamiento por parte del Espíritu Santo. Había visto a Dios hablar de manera milagrosa desde mi propia boca en la conferencia de jóvenes. Dijo que haríamos obras más grandes que Él, y creí que podíamos hacerlo. Hubo vidas cambiadas y sanidades que se produjeron a través del Padre, el Hijo y el Espíritu Santo. La esencia misma de lo que Cristo hizo en la tierra, la sanidad física y espiritual, sucedía cuando nosotros, su pueblo, teníamos la fe para creer en las promesas de Aquel que es constante y fiel. ¿Podría ser este el mayor Jesús prometido?

AFÉRRATE A LA PROMESA

Antes de que Cristo fuera a la cruz, les dijo a sus amigos más cercanos que si creían en Él, continuarían las obras que Él había estado haciendo y, en realidad, harían cosas más grandes que Él (Juan 14:12). Sí, Él los iba a dejar, pero no como huérfanos. Vendría un Abogado Defensor, dijo, uno que estaría a su lado para siempre, el cual es el Espíritu de verdad (Juan 14:16, NTV). El Abogado Defensor, el Espíritu Santo, no solo sería un abogado, sino también uno que le daría poder a su obra.

Podemos repasar estos pasajes de las Escrituras sin darnos cuenta de sus implicaciones, pero si nos detenemos y pensamos en el asombroso regalo que nos dio Jesús, que tenemos el poder de hacer obras *aún más grandes* que las que Él hizo en la tierra, ¿no debería esto hacernos temblar? Parece demasiado loco, demasiado imposible de creer. El Dios del cielo y de la tierra envió a su único Hijo para vivir una vida humana sin pecado, y luego cargar con el peso de los pecados del mundo, morir de una manera horrible en la cruz y resucitar de entre los muertos tres días después, concediéndonos así el perdón de nuestros pecados y la promesa de una nueva vida. QUE Dios nos está invitando a hacer cosas más grandes en su nombre para su gloria. ¿Bromeas? Me estremezco de solo pensarlo.

Una de las escenas más conmovedoras de la vida de Cristo ocurre en el jardín de Getsemaní. Vemos la plenitud de la humanidad de Jesús cuando clama a su Padre y le pregunta si hay un camino diferente, una manera de salvar al mundo sin sacrificar su vida en la cruz. Él clama a su Padre no una vez ni dos veces, sino tres veces.

«Yendo un poco más allá, se postró sobre su rostro y oró: "Padre mío, si es posible, no me hagas beber este trago amargo. Pero no sea lo que yo quiero, sino lo que quieres tú"» (Mateo 26:39). Jesús anhelaba que su Padre lo escuchara. Clamó a Dios, pero las Escrituras no dicen que Dios respondiera. Podemos dar por sentado que, puesto que Jesús rogó tres veces, lo único que escuchó fue el silencio.

Se postró rostro en tierra y oró. En momentos de crisis o presión, ¿nuestra reacción natural es postrarnos en oración? Mi reacción natural es huir de los hornos de fuego y tratar de correr a través de los desiertos. Lleno el silencio con ruido. En cambio, la mayor lección en esta escena es la voluntad de Cristo para soportar lo que vendrá si es la voluntad de su Padre. Incluso en el silencio.

En su sentencia y crucifixión, Jesús fue molido, golpeado y ensangrentado; torturado, atormentado y atado a un poste de azotes. Nuestro Salvador soportó el dolor físico más horrible, pero no dijo nada durante su abuso. Luego, mientras colgaba en la cruz, pronunció las palabras más dolorosas. Sin embargo, no expresaban la agonía de su tortura; más bien, expresaban el dolor por estar separado de su Padre. «Dios mío, Dios mío, ¿por qué me has desamparado?», gritó (Mateo 27:46). Al igual que los israelitas en el desierto, Jesús clamó a Dios, incluso con sus últimos alientos, lamentando el silencio y la separación de la persona de la que más cerca quería estar.

En nuestros momentos de dolor y confusión, de silencio y aislamiento, debemos aferrarnos a las promesas de la Palabra de Dios.

Lo que está vacío se puede llenar.

Lo que está roto se puede reparar.

Lo que está dividido se puede multiplicar.

Lo que está muerto puede resucitar.

Jesucristo es la prueba viviente.

Al igual que Dios fue fiel para resucitar al Mesías, su Hijo Jesucristo, Dios es fiel para cumplir sus promesas a nosotros también.

El poder que levantó a Jesús de la tumba está vivo en nosotros hoy (Romanos 8:11). Y el Espíritu no solo se les promete a las personas perfectas, hermosas o intachables, sino a todos los que invocan el nombre de Jesucristo (Hechos 2:21).

LO QUE ESTÁ VACÍO SE PUEDE LLENAR.

LO QUE ESTÁ ROTO SE PUEDE REPARAR.

LO QUE ESTÁ DIVIDIDO SE PUEDE MULTIPLICAR.

LO QUE ESTÁ MUERTO PUEDE RESUCITAR.

JESUCRISTO ES LA PRUEBA VIVIENTE.

Una noche después del trabajo, mientras conducía a casa de mis padres, me encontré en otra fiesta de autocompasión. Comparaba y contrastaba mi vida con la de todos los demás (sí, *otra vez*). Entonces, justo en medio de la mejor fiesta de autocompasión del mundo, me detuve. Sabía que iba por un camino peligroso y no quería revolcarme en la queja o el dolor.

Luchando contra las palabras con todo mi ser, pronuncié una oración como la de Jesús en Getsemaní: *No se cumpla mi voluntad, sino la tuya*. Mis ojos se nublaron con lágrimas, pero mis pensamientos eran lúcidos. Estaba aprendiendo a rendir mi propia voluntad a la voluntad del Padre. Los últimos días de la vida de Jesús demuestran la magia de la transformación que ocurre cuando nos sometemos a la voluntad de Dios.

Él **clamó** a Dios (Marcos 14:35).

Él **rindió** su voluntad (Mateo 26:42).

Él **creyó** la promesa de que su muerte nos traería vida (Salmo 22).

Él le **pidió** a la comunidad que estuviera a su lado en medio de la prueba (Mateo 26:46).

Él se **sometió** a la voluntad de Dios incluso en la cruz (Marcos 15:34).

Él **resucitó** de entre los muertos (Marcos 16:6).

Le pedí al Espíritu Santo que reinara por completo en mi vida. Creía que el poder que resucitó a Jesucristo de las garras de la muerte estaba vivo en mí. Si Jesús me prometía ese mismo poder transformador, yo lo quería. Quería *todo* eso.

POTENCIA DE FUEGO

Alrededor de un año después de ese primer retiro de mujeres con mamá, me invitaron a darle un estudio bíblico a un grupo de mujeres de la iglesia. Me sentí un poco intimidada porque casi todas eran mayores que yo, pero mi madre me animó a hablar desde el corazón. La porción de las Escrituras que debía enseñar era la de esperar, del Salmo 46:10: «Quédense quietos, reconozcan que yo soy Dios».

Impartí ese estudio bíblico hace muchos años, pero todavía puedo recordar cómo estudié, me preparé y enseñé esa porción de las Escrituras. Incluso hoy, es uno de mis versículos favoritos porque fue muy real para mí en esa época. Cuando el salmista escribió sobre tierras que temblaban, aguas que se extendían y mares que se encrespan y rugen, sentí que yo sabía íntimamente a qué se refería. Sin embargo, no nos desanimamos porque el escritor nos recuerda que nuestro Dios es un amparo y una fortaleza, y nuestra ayuda en tiempos de angustia.

Después de la enseñanza, le di la bienvenida al equipo de adoración para que nos guiara mientras orábamos. Después de decirles que dieran un paso al frente, me senté y comencé a orar por todas las mujeres que vinieron a orar. Cuando lo hice, algo llamó mi atención: *Estoy orando por las mujeres y sobre las mujeres, pero tengo miedo de orar con las mujeres*. En el fondo, aún creía que mis oraciones no tenían poder o eran menos santas que las de las mujeres del equipo de oración. (No, en serio, ¡esas mujeres de oración son LEGÍTIMAS!). Sentí como si me mantuviera a una distancia segura, en lugar de estar cerca y de manera personal con dolor, traumas y necesidad.

A medida que la fila de mujeres seguía creciendo, me levanté y caminé hacia el frente del auditorio, susurrando una oración desesperada a Dios, un nuevo tipo de clamor: no *me Escuches*, más bien *Ayúdame*. En el momento en que ocupé mi lugar al frente, una mujer ya estaba delante de mí, ansiosa por orar. Sus grandes ojos marrones se llenaron de lágrimas mientras explicaba que era estéril y estaba cansada de intentar todas las formas para concebir, pero que todo era infructuoso. Tomé sus manos y le dije que no conocía su dolor, pero Dios sí. La acerqué a mí y comencé a orar sobre ella, por ella y con ella. Durante la oración, me acordé de Ana, una mujer estéril en el Antiguo Testamento que le rogó a Dios por un hijo. Yo creía que Dios me hablaba, pues el deseo de mi corazón era bendecir a la mujer que tenía ante mí de la misma manera en que el sacerdote Eli dijo palabras de bendición y fe sobre Ana. Le pregunté si podía poner mi mano sobre su vientre, y cuando aceptó, oré con audacia, creyendo que concebiría.

No hubo fuegos artificiales. Nadie cayó al suelo. No hubo purpurina cayendo del cielo. Solo hubo esto: una sencilla oración. Mientras se alejaba, oré para que lo que dije sobre ella proviniera de Él y no de mí.

El estudio bíblico terminó y pasaron muchos meses. Buscaba a la mujer en la iglesia semana tras semana. Quería saber cómo estaba, pero nuestros caminos nunca se cruzaron. Entonces, un año después, alguien se me acercó. De inmediato, reconocí sus grandes ojos marrones. Los mismos ojos que miré un año antes llenos de lágrimas de dolor, ahora se llenaban de un tipo diferente de lágrimas. Pasé con entusiasmo mis brazos a su alrededor mientras ella explicaba que se había mudado con su esposo a otra ciudad, pero venían a Los Ángeles para asistir a la iglesia el fin de semana.

Sus lágrimas cayeron pesadamente cuando agarró mis manos y las puso sobre su vientre. Sus ojos miraron directamente a los míos mientras decía: «¡Estoy embarazada, Bianca! ¡Estoy embarazada!». Aparté mis manos de su vientre en estado de *shock*. Sentí que mi cara palidecía. «Disculpa», le dije, confundida. «¿Estás qué?». Ella se rio de mi reacción, y entre lágrimas de alegría, explicó que la noche que oré por ella, supo que algo había cambiado. Cuando puse mis manos sobre su vientre, dijo que sintió el poder de Dios tocándola, y un calor llenó su cuerpo. Mientras contaba esto, incliné mi cabeza, entrecerré los ojos con escepticismo y apreté mis labios.

Lo que pensaba el lado izquierdo de mi cerebro: ¡ESTAS SON PALABRAS LOCAS, CHICA! No tengo ni idea de qué estás hablando. No sentí nada. No había nada. Estás delirando, chica. (Comentario adicional: Digo *chica* cuando estoy en estado de *shock*).

Lo que pensaba el lado derecho de mi cerebro: Creo en Dios. Creo en los milagros. Creo que la oración cambia las cosas. Esto es de Dios. Esto es un milagro. Esta es una respuesta a la oración a través de la obra del Espíritu Santo.

Tomó mis manos otra vez, me miró de frente y me dijo: «Hace un año me dijiste que yo era como Ana y que Dios me daría un hijo. Él lo hizo. He leído la historia una y otra vez, y Ana buscó a Elí para decirle que sus oraciones fueron respondidas. Hemos vuelto hoy a la iglesia para decirte que nuestras oraciones fueron respondidas y que fuiste parte de mi milagro».

Sacó su Biblia, la abrió en el final de la historia de Ana y leyó el pasaje en voz alta.

«Señor, ¿se acuerda de mí? —preguntó Ana—. Soy aquella misma mujer que estuvo aquí hace varios años orando al Señor. Le pedí al Señor que me diera este niño, y él concedió mi petición. Ahora se lo entrego al Señor, y le pertenecerá a él toda su vida». Y allí ellos adoraron al Señor. (1 Samuel 1:26-28, ntv)

Nuestras miradas se encontraron cuando me dijo: «Bianca, fuiste parte de mi sanidad, y ahora tenemos que darle gracias a Dios».

Esa noche volví a casa con total asombro de a quién elige usar Dios y cómo lo hace. Él decidió usarme a mí, una hija que apenas había salido del desierto, y que solo había sobrevivido a los fuegos del crisol. Ya no era una espectadora; era una participante en el plan de Dios.

Dios habla y quiere usar a todos los que invocan su nombre, incluso a los rezagados que apenas han salido vivos del desierto, y a esos cuyas vidas parecen estar reducidas a cenizas. Todo lo que se requiere es la desesperación de gritar en el desierto, la voluntad de entrar al horno y una fe del tamaño de un grano de mostaza (Mateo 17:20).

Desde el cuestionamiento hasta la creencia, desde el legalismo hasta la libertad, desde la autosuficiencia hasta la suficiencia sobrenatural, yo estaba siendo perfeccionada de todas las formas posibles. Y eso me gustó.

Capítulo DIECISIETE

Refinada

Cuando tenía diez años, mi madre nos llevó a mis hermanos y a mí a una excursión para lavar oro. (No nos juzguen, por favor. Éramos raros). Un guía de montaña que llevaba pantalones cortos de lona, medias de lana y botas de senderismo nos explicó el arte de la extracción del oro. Levantó un enorme pedazo de mineral y dijo que en su interior estaba oculto algo precioso y valioso, pero que se necesitaba paciencia para obtenerlo.

Cuando eres una niña pobre y alguien te dice que existe la posibilidad de que tengas algo lucrativo, ¡tú escuchas! La rebuscadora que había en mí evaluó a los otros niños en nuestro recorrido e hizo algunos cálculos mentales acerca del impulso, la tenacidad y la resistencia. Podría superarlos a todos en la búsqueda de oro. En mi mente, iba a ser *rica* cuando me fuera a casa.

Sin embargo, la realidad prevaleció cuando nuestro guía explicó que el paso final para adquirir oro era romper el mineral, derretir las rocas y calentar el oro hasta que la escoria, también conocida como el desperdicio, saliera a la superficie. El fuego tenía que ser candente, y había que avivarlo continuamente. Dejamos escapar un suspiro de alivio porque sabíamos que era demasiado trabajo para nosotros los niños, y no teníamos tiempo para esperar durante todo el proceso. Después de todo, no íbamos a llevar ningún botín a casa.

Sin hacer una pausa, nuestro guía nos dijo que esa era con exactitud la reacción que tenían casi todas las personas cuando sabían cómo funcionaba el proceso, y que solo quienes eran dedicados y perseverantes obtenían el metal precioso. «Lo que sobrevive en el fuego», dijo, «determinará lo que es de veras valioso y real».

Mientras nos asábamos al sol y explorábamos las rocas buscando fragmentos con manchas de oro, echábamos a un lado la tierra, las piedras y el mineral inservibles con paciencia. Buscábamos metales preciosos entre los elementos comunes. Lo veo en retrospectiva. Puede que no me hiciera rica ese día, pero me fui con una sabiduría más valiosa que el oro. *Lo que sobrevive en el fuego determinará lo que es de veras valioso y real.*

EL FUEGO QUE REFINA

El mineral es común, pero el oro es precioso. En la vida, las pruebas son comunes, pero la fe que nos lleva a través de esas pruebas es preciosa. Tan laborioso como es extraer oro, desarrollar y refinar nuestra fe es exigente por igual. El primer capítulo de Santiago dice que debemos contar todo con alegría cuando enfrentamos pruebas porque la prueba de nuestra fe produce constancia (vv. 2-3). El primer capítulo de Santiago dice que deberíamos considerarnos dichosos cuando afrontamos pruebas, puesto que la prueba de nuestra fe produce constancia. El primer capítulo de Santiago dice que deberíamos considerarnos dichosos cuando afrontamos pruebas, puesto que la prueba de nuestra fe produce constancia. Santiago no dice que deberíamos estar felices por tener que soportar las pruebas; me habla de la dicha de las pruebas, porque las pruebas producen en nosotros una cualidad que no tiene una vida de comodidad y bienestar: la capacidad de ser constantes. Lo que es más, y este es solo mi granito de arena, podemos *tener por sumo gozo* que sirvamos a un Dios que nos provee en nuestras pruebas en el desierto, que se comunica con nosotros y nos libra de nuestros momentos en el horno de fuego ardiente. Considera a Sadrac, Mesac y Abedenego: profesaron su fe *antes* de entrar en el fuego, pero su fe la probaron y refinaron en su *interior*.

En los días cuando esperaba que mi madre venciera o no el cáncer, me preguntaba cuándo se detendría la locura; me estremecía siempre que alguien mencionaba un pasaje bíblico sobre la situación como una curita sobre una herida de bala y esperaba que se detuviera la hemorragia emocional.

Sin embargo, por más que quería luchar contra una receta bíblica o una solución de Jesús, encontré algunos versículos que cubrieron mis heridas y las envolvieron en esperanza, no en exageraciones. Venían de la primera carta de Pedro, en la cual escribió su autor: «Así que alégrense de verdad. Les espera una alegría inmensa, aunque tienen que soportar muchas pruebas por un tiempo breve. Estas *pruebas* demostrarán que su fe es auténtica. Está siendo *probada* de la misma manera que el fuego prueba y purifica el oro, aunque la fe de ustedes es mucho más preciosa que el mismo oro. Entonces su fe, al permanecer firme en tantas pruebas, les traerá mucha alabanza, gloria y honra en el día que Jesucristo sea revelado a todo el mundo» (1 Pedro 1:6-7, NTV, énfasis añadido).

En los días de mi nueva fe, pensé en ese curioso guía de montaña de mi infancia. Nos dijo que para comenzar, agitar y aumentar un fuego que fuera lo bastante caliente para quemar la escoria, el oxígeno debía estar presente. Y si alguna vez encendiste una hoguera en la playa o un fuego en un campamento, entiendes este principio. Es probable que hayas avivado una llama para hacerla crecer o soplado sobre brasas humeantes para ayudarlas a encenderse. Cuando me adentré en una nueva creencia, en una verdadera creencia, sentí que los vientos del cambio avivaban mi propia fe. Y estas palabras siguieron dándome fuerzas para aventurarme en el horno: *lo que sobrevive en el fuego determinará lo que es de veras valioso y real.*

VIENTOS DE CAMBIO

Azotando y golpeando con violencia, el viento golpeaba las ventanillas como si intentara llamar nuestra atención. Dentro de la seguridad del automóvil, escuchamos el silbido y los resoplidos de la tormenta afuera, observamos las hojas y los árboles bailando como marionetas controladas por un titiritero celestial. Sentadas en el auto en silencio, esperábamos mientras mi papá hacía cola para comprar los medicamentos de mi madre.

Otra ronda de quimioterapia. Otra ronda de cáncer. Otra ronda de luchar contra una enfermedad caprichosa y ruinosa. A medida que el viento soplaba afuera, sentía que observaba lo que ocurría en el cuerpo de mi madre. Había movimiento por todas partes. Las cosas se agitaban fuera de la seguridad de nuestro auto. ¿De dónde venía el viento? ¿Adónde iba? ¿De dónde venía el cáncer? ¿Cuándo iba a terminar? Habíamos salido aturdidos de la sala de oncología del Hospital St. Jude. Los médicos no estaban seguros de lo que sucedía. Habían calificado a mi madre de una anomalía médica, un caso indefinido sin solución o atención directa. *Más quimio*, decían. *Más radiación*, decían. *Más analgésicos*, decían. Más, más, más. ¿En qué punto, me preguntaba, *más* se vuelve *insuficiente*?

Cuando estás al final de ti mismo, es cuando Dios comienza. Tal vez eso parezca un cliché, pero es cierto. Todos, mi familia entera, estábamos al final de nosotros mismos, pero creíamos que Dios iba a hacer algo. Él iba a cambiar algo. Dios iba a atizar y avivar en llamas un fuego de fe.

¿Te has preguntado alguna vez cómo se crea el viento? ¿De dónde viene y a dónde va? Aunque podamos sentir la presencia del viento, no podemos verlo. La ciencia explica que el aire alrededor de nuestro planeta está en constante movimiento, y el viento es creado por cambios en la presión y la temperatura. Y por más interesante que sea desde el punto de vista científico, me fascina más la forma en que Dios usa el viento a lo largo de las Escrituras. Él siempre los arrecia en los momentos más interesantes. La ciencia dice que los cambios en la presión y la temperatura crean vientos, ¿pero no usa Dios el viento para producir también cambios espirituales?

Tomemos por ejemplo a Moisés en Egipto. Dios le encargó que liberara a los israelitas del faraón y los guiara a su Tierra Prometida. Moisés sabía que le hacía frente a un hombre poderoso, pero confiaba en que Dios haría lo imposible. Uno de los actos asombrosos que Moisés realizó con el poder de Dios involucró al viento, una forma de introducir cambios hacia adentro y afuera, y mover las cosas.

Antes de que los hijos de Israel llegaran a la Tierra Prometida, antes de vagar por el desierto inhóspito o de caminar por tierra seca a través del mar Rojo, estaban en Egipto. Después de años de cautiverio y esclavitud, Moisés fue a ver al faraón para pedir la libertad de su pueblo. Cuando se le negó la libertad, Moisés le advirtió al faraón de las plagas que vendrían.

Éxodo 10 narra cómo Moisés exigió que el faraón dejara ir a los israelitas. «Si te niegas a dejarlos ir [dijo el Señor], mañana mismo traeré langostas sobre tu país» (v. 4). El faraón se negó, y Moisés extendió su vara sobre la tierra de Egipto y trajo un viento del este que duró todo el día y la noche, tal como el Señor le dijo que hiciera. Cuando llegó la mañana, fiel a la palabra de Moisés y a la promesa de Dios, las langostas llenaron la tierra hasta donde podían ver los ojos. Las langostas eran la plaga, pero el viento fue lo que trajo a los insectos voraces a la tierra.

Al igual que Moisés, ¿no somos portadores de la Palabra de Dios? ¿No sabemos que Él actuará en nuestro nombre? Al igual que Moisés, ¿no podemos caminar en esas promesas y creer que Dios se va a mover?

TENÍA QUE CREER QUE TRAÍAN UNA PROMESA. TENÍA QUE CREER QUE ME HABÍAN LLEVADO A TRAVÉS DEL DESIERTO, FUERA DEL HORNO, CON UN PROPÓSITO.

Cuando los vientos de cambio entraron en mi vida, tenía que creer que traían una promesa. Tenía que creer que me habían llevado a través del desierto, fuera del horno, con un propósito.

A mi alrededor, Dios se movía y me permitía orar y participar en sus obras milagrosas. Ya sea orando por vientres estériles o diciendo promesas proféticas sobre otros, estaba desesperada por la presencia de Dios. Al mismo tiempo, luchaba con el hecho de que sin importar cómo orara, Dios no había sanado a mamá. Fui testigo de la curación de varias personas a mi alrededor mientras mi madre seguía sufriendo. Entonces, de seguro, volvería a ver la obra de Dios, ¿no es así?

Miré a Moisés en su viaje por el desierto, con la esperanza de entender cómo moverme en medio de estos vientos. Dios le dijo que los vientos marcarían el comienzo de una de las plagas, y Moisés tuvo la opción de responder o renunciar. Como nos muestra la historia de Moisés, cuando aceptamos la Palabra de Dios, Él nos envía lo que necesitamos para que podamos cumplir con lo que Él nos llama a hacer.

Con cada plaga que se extendía por el paisaje egipcio, Moisés observó a Dios cumplir sus promesas y hacer milagros. Dios no solo comienza las cosas, sino que también las completa. Cuando confiamos en Dios, Él nos da lo que necesitamos cuando lo necesitamos. Y en el caso de los israelitas, no solo Dios introdujo el viento para traer las langostas, sino que también trajo un viento para expulsarlas. Como nos dice el libro del Éxodo: «El Señor hizo entonces que el viento cambiara, y que un fuerte viento del oeste se llevara las langostas y las echara al Mar Rojo. En todo Egipto no quedó una sola langosta» (Éxodo 10:19).

Este patrón se repite una y otra vez durante el viaje de los israelitas. En cada situación que surgía en el desierto, Moisés seguía el mismo ciclo: escuchar, obedecer y confiar. Al igual que Moisés, yo tenía una opción: podía creer en las promesas de Dios y seguir adelante, u olvidarlas y renunciar. Me negué a renunciar. Después de pasar esos días estériles y silenciosos, elegí hacer lo que Dios me pidió porque me negué a renunciar. Necesitaba su presencia más que cualquier otra cosa.

Tenía que confiar en el fuego del refinador. Lavar, enjuagar, repetir.

El viento sopló en el auto cuando mi papá abrió la puerta y en seguida entró con la bolsa de papel blanca que contenía frascos de medicamentos. Me entregó la bolsa y me dijo: «¿Quién sabía que yo sería hoy un traficante de drogas?». Sonreí mientras lo miraba, a este hombre que tenía la increíble capacidad de encontrar humor en medio del caos. Mi madre, reclinada en el asiento del pasajero con los ojos cerrados, sonrió y rio. Su cuerpo estaba débil; había perdido el apetito durante un par de días debido a los efectos nauseabundos de la quimioterapia que goteaba a través de la derivación incrustada en la parte superior de su cabeza. Habían pasado cinco días desde su última inyección, y parecía débil.

Entonces, mientras el viento sacudía los árboles afuera de nuestro auto, mi madre dijo de repente: «Tengo hambre. Quiero comida mexicana». Mi padre me miró emocionado y sorprendido, y dijo: «¡Vamos por tacos y por la salsa más picante que podamos encontrar!». Nos dirigimos al primer restaurante mexicano que vimos y mi padre, mi madre y yo nos sentamos en el patio de estilo español al lado de una pared que tenía un mural.

El viento continuó soplando, y mi madre cerró los ojos y levantó la cara hacia el sol. En medio de nachos, guacamole y tacos, pude verla ganar fuerza, y con su fuerza llegó la esperanza. Mi papá y yo intercambiamos miradas mientras discutíamos planes para el futuro. Nos aferramos a la promesa de Dios: Sus caminos y pensamientos son mejores que los nuestros (Isaías 55:8-9). Creíamos que Dios amaba a mamá y la quería completa y sana, ya fuera en la tierra o en el cielo. Y como Moisés, confiamos en que Dios podía hacer lo que prometió. Escucharíamos, obedeceríamos y confiaríamos.

Dios abrió las despensas de la naturaleza y dejó que el viento avivara su refinado fuego. Las cosas estaban cambiando; lo sentí en el viento.

Capítulo **DIECIOCHO**

Hecha nueva

En un día similar al que recibí la llamada de papá sobre el cáncer de mamá, estaba trabajando sola cuando sonó mi teléfono celular. Esta vez la voz de papá era tranquila y calculada, pero podía escuchar la urgencia subyacente. «B, ¿estás ocupada?», preguntó. «Tengo que decirte algo». Me aparté de mi escritorio y le dije que podía hablar, pero de repente no pude respirar. Mis pulmones dejaron de expandirse y contraerse; cerré los ojos y esperé las noticias. Después de tres años de visitas, operaciones, diagnósticos y pronósticos médicos, habíamos llegado al final de la quimioterapia experimental, las opciones alternativas y los procedimientos médicos. Si el medicamento bombeado a través de la derivación craneal de mamá no funcionaba, no quedaban más opciones. Eso era lo que había.

Un instante antes de que mi padre hablara, imaginé la cabeza afeitada de mamá, la cicatriz quirúrgica, los puntos monstruosos de Frankenstein. Cada semana, ella conducía a la sala de oncología del Hospital St. Jude y los médicos la llenaban de productos químicos como si llenaran el tanque de gasolina de un automóvil. Salvo que, en lugar de darle la capacidad de seguir adelante, la quimio le daba náuseas. Y fatiga. Y migrañas. E hidrocefalia. Y parálisis de Bell. Y la dejaba sin cabellos. Después de tres años de diagnósticos médicos erróneos, de dos años de lucha contra el cáncer de los orbitales, de nueve meses de nuevos tratamientos y de doce rondas adicionales de quimioterapia, habíamos estado esperando los resultados de su punción espinal para revelar si el último enfoque resultaba. Por eso llamaba mi padre. Mi corazón latía tan fuerte en mi pecho que pensé que podía escucharlo. Apoyé la cabeza contra la pared detrás de mí y miré hacia el techo, con el teléfono en mi oreja. Todas mis esperanzas, susurros y sueños circularon por mi cabeza. Los recuerdos de personas poniendo sus manos en mi madre y orando para que Dios la sanara pasaron por mi mente como un rollo de película. Las verdades a las que me aferré en las Escrituras centellearon como escenas ante mí. Agarré el teléfono con fuerza y tensé los hombros, preparándome para el peso de las palabras de mi padre.

No recuerdo la frase exacta que dijo, pero sí que solté un gemido gutural, caí de rodillas y lloré. Por mucho que creía estar preparada para el resultado, no sabía cómo me sentiría.

Las lágrimas rodaron por mi cara y lo oí decir que los médicos no podían explicarlo. Era como si su voz saliera por un túnel. Mi madre era un misterio médico. El cáncer ahora era «indetectable» y, aunque no dirían que no tenía cáncer, no sabían con exactitud cómo describirlo. Todas las palabras que siguieron se desvanecieron en una niebla.

Yo estaba llorando tanto que mi padre tuvo que dejar de hablar para preguntarme si estaba bien. Balbuceando como una lunática, dije: «Sí, estoy bien. Estoy muy feliz, y tengo ganas de reír, pero todo lo que puedo hacer es llorar». Y al llorar, liberé la emoción de todos los años que pasé preguntándome cómo iba a responder Dios. Sabía lo que creía mi madre, sabía lo que decían las Escrituras, pero perseverar a través de este desierto, a través de este fuego, y ver las promesas de Dios manifestadas de forma milagrosa me produjeron una alegría inexplicable.

Nueve años después de recibir la llamada de mi padre, me senté en un taburete mirando a mi madre moverse como una abeja ocupada mientras me peinaba. Sostenía un vestido en una percha en una mano y un par de tacones en la otra. Colgó el vestido y dejó los zapatos en el armario, caminando de lado a lado como si estuviera en medio de una danza rítmica. Su herencia puertorriqueña asoma cuando está ocupada; sus caderas se balancean a un ritmo que solo ella puede oír.

Estaba sensible, pero trataba de no mostrarlo. Una sonrisa asomaba por su rostro de vez en cuando, y miraba con nostalgia por la ventana del hotel. Parecía recordar un tiempo muy distante en una tierra lejana.

Besó con suavidad mi cara mientras pasaba. Como una sabia, me susurró sabiduría, del tipo que se refina a través de pruebas, se concibe en el éxtasis y nace en el dolor. Como hace cualquier hija buena cuando la bendice una madre sabia, escuchaba. Mi madre se lo había ganado.

Cuando no teníamos alimentos en nuestro refrigerador, mi madre nos recordaba que oráramos por provisiones. Cuando no teníamos ropa, recitaba Mateo 6:28 y prometía que, así como el Señor vestía los lirios del campo, Él nos vestiría a nosotros. Cuando no sabía si aprobaría mis clases universitarias, me calibraba de nuevo mi pensamiento y me recordaba que Dios es el dador de todo conocimiento. Me recordaba, en las palabras de Santiago, que si carecemos de sabiduría, podemos pedirla, y que Dios nos la proporcionará con generosidad. Y durante mi crisis de los veinticinco años, mi madre me prometió que Dios tenía un plan y un propósito para mi vida.

Años después, aún les derramaba sabiduría a sus hijos. Ya fuera cómo doblar las sábanas ajustadas o amar a nuestros enemigos, siempre me mostró sus mejores secretos de la vida. Sus palabras eran una fuente, nunca un desagüe, y se desbordaban sobre todas las personas que conocía.

Guio a su gente en el desierto, sobrevivió a su desierto, caminó en el fuego y vivió para contarlo todo. Su sabiduría se diseñó para sobrellevar y soportar todas las tormentas de la vida. Sus mismas palabras fueron un testimonio de su relación amorosa e íntima con el Dios al que sirvió.

Como Moisés que le habló a Dios en el fuego; como los hijos de Israel que fueron guiados por una columna de fuego; como Sadrac, Mesac y Abednego que se encontraron con Dios dentro del fuego; como la iglesia de Hechos que encontró a Dios en el fuego; como Job, refinado como el oro cuando lo probaron por fuego; como Jacqui Saburido, quien sobrevivió atrapada en un incendio; mi madre se levantó de las cenizas de la aflicción para proclamar con audacia que su vida se había renovado. Su sabiduría susurrada fue una invitación a confiar en un Dios que nos invita a las circunstancias más extremas y que nos transforma a través del proceso.

Mientras mi madre se apresuraba por la habitación de mi hotel, vi a una mujer en remisión, una mujer que estaba libre de cáncer. Fue un día crucial para las dos. En este día, miré a una mujer que cantó canciones y clamó a Dios, que vagó por el desierto, que le pidió a Dios una transformación, y que ahora volaba libre después de levantarse de las cenizas, guiando a otros para escuchar a Dios hablar y heredar la tierra que se les prometió.

LA PROMESA CUMPLIDA

Los espías israelitas estaban muy cerca de su promesa. Podían ver el viaje que tenían delante. Los escogieron para heredar una tierra que se les prometió. Y ahora se seleccionaron a doce hombres, uno de cada tribu de Israel, para examinar la tierra y regresar con un informe (Números 13). De seguro que estos hombres presenciaron milagros. La división del mar Rojo, el maná cayendo del cielo, la liberación de la esclavitud... fueron testigos de primera mano de la certeza de la provisión de Dios. Aun así, en lugar de sentir la emoción de que por fin heredarían la promesa dada por Dios, se llenaron de terror, paralizados por lo que tenían delante.

Los espías regresaron de su misión de reconocimiento con dos cosas: frutas y miedo. En sus manos tenían los símbolos de la bondad de la tierra que se les prometió. Sin embargo, en sus corazones estaba la imposibilidad de murallas fortificadas, gigantes y antagonistas intimidantes. Las avalanchas de duda cubrieron a los hijos de Dios y nublaron su memoria de todo lo que el Señor había hecho por ellos desde que salieron de Egipto.

Aunque tenían las dos manos ocupadas, frutas en una mano y miedo en la otra, yo no podía comenzar a juzgar aquí. ¡Lo siento, queridos israelitas! Incluso ahora, después de todo lo que he visto, detesto admitir que a veces sostengo el fruto de la fidelidad de Dios mientras me aferro a la vez al temor de que Él no vuelva a actuar.

Solo dos de los doce espías, Josué y Caleb, creían que podían tomar posesión de la tierra. Confiaban en que era su herencia. Sabían que Dios estaba a su lado y tenían fe en sus promesas. Y solo tal vez, aunque esto es puramente mi propia especulación, no quisieran volver a vagar por el desierto. Sin embargo, en última instancia, los otros diez espías llenaron a los israelitas con suficiente temor que disuadieron a la gente de avanzar hacia la Tierra Prometida. El espíritu de duda de los israelitas era mayor que su confianza en la liberación que se les prometió. Su temor era más grande que su fe, y esa decisión les costó.

Cuarenta años atrás, los expulsaron de la Tierra Prometida y los sentenciaron a vagar durante años debido a su falta de fe. Entonces, ahora, los israelitas estaban al borde de su promesa una vez más. Después de casi quinientos años de cautiverio egipcio y más de cuarenta años de vagar por el desierto, los hijos de Dios estaban a un paso de la libertad detrás de Josué, el sucesor de Moisés. Estaba en un precipicio, en el mismo lugar donde estuvo años antes de la expedición de exploración inicial de los espías a la Tierra Prometida. Josué sabía la verdad: a los israelitas los liberaron del cautiverio y la esclavitud, pero no habían recibido su promesa. No habían recibido toda su libertad, todavía no.

Afrontando una decisión, Josué dio la orden. Sí, la tierra *todavía* estaba llena de gigantes. La tierra *todavía* estaba llena de lo desconocido. La tierra *todavía* contenía murallas enemigas impenetrables. A pesar de eso, la promesa de Dios seguía siendo cierta. Esta vez, los israelitas entraron en esa promesa, por más aterradora que pudiera parecer. Hay una diferencia entre la liberación y la libertad.

A los israelitas los liberaron de la esclavitud, pero quedaron atrapados en el desierto; no eran libres. Los israelitas tuvieron que aprender que la libertad requiere valor, tal como lo tuve yo. Para salir de nuestras peregrinaciones por el desierto inhóspito, debemos estar dispuestos a dar un paso hacia lo desconocido.

LLEGARÁ UN MOMENTO EN EL QUE CREAMOS QUE DIOS ES QUIEN DICE SER Y PUEDE HACER LO QUE DICE QUE PUEDE, O CONTINUAREMOS VAGANDO SIN RUMBO PORQUE TENEMOS DEMASIADO MIEDO DE HEREDAR LO QUE SE NOS PROMETIÓ.

Llegará un momento en el que creamos que Dios es quien dice ser y puede hacer lo que dice que puede, o continuaremos vagando sin rumbo porque tenemos demasiado miedo de heredar lo que se nos prometió.

Moisés comisionó a Josué, el nuevo líder, a fin de que ocupara su lugar cuando falleciera (Deuteronomio 31). Acusado de guiar a su pueblo a su destino, Josué confió en la promesa de Dios. Sí, la tierra *todavía* estaba llena de gigantes. La tierra *todavía* estaba envuelta por lo desconocido. La tierra *todavía* contenía murallas enemigas impenetrables. Sin embargo, la promesa de Dios se mantuvo fiel. Esta vez, los israelitas entraron en esa promesa, tan aterradora como debió parecer.

Josué sabía lo que los hijos de Israel comprenderían a la larga: el Dios que prometió la tierra sería digno de confianza para cumplir esa promesa. Las circunstancias externas no habían cambiado, pero sí cambió la postura interna de los israelitas, y por fin, después de cuarenta años, decidieron confiar en el Señor.

Cuando estamos al borde de nuestras promesas, como lo hicieron los israelitas, debemos decidir si seguimos adelante o nos quedamos en el desierto. ¿Intentaremos cumplir las promesas de las que habla la zarza ardiente? ¿Confiaremos en el mismo Dios que refina nuestra fe, incluso en el crisol? *Así como Dios fue digno de confianza entonces, Él es digno de confianza ahora.*

He aquí lo que sé: el tema en cuestión no es la capacidad de Dios para cumplirnos su palabra, sino si confiaremos en Él lo suficiente como para entrar en nuestras propias Tierras Prometidas con plena fe.

¡QUÉ DIFERENCIA MARCA UN LIBRO!

En el libro de Números, Dios les prometió a los israelitas la tierra que debían heredar (Números 13:1). Dios dijo literalmente: «Les doy la tierra». Fue un trato sellado. Hecho. Prometido. Asegurado. No se trataba de quiénes eran, de lo que carecían, ni del tamaño de su gente. Se trataba de la fidelidad de su Dios. Habían visto los milagros, pero ignoraron a Aquel que creó los milagros.

En el libro de Josué, vemos a una nueva generación de israelitas que se encuentra al borde de la Tierra Prometida. Tienen que decidir si van a ser temerosos o fieles. Su decisión determinará su destino.

Habrá épocas en que estaremos en el desierto y vagaremos por el desierto, y momentos en los que sentimos que estamos en el fuego. **Aun así, no debemos perder la perspectiva cuando no podemos ver nuestro futuro, porque sabemos quién tiene el futuro.** El cumplimiento de las promesas de Dios llega cuando tenemos la audacia de entrar en el fuego y aceptar la transformación que tiene lugar.

Mi madre, alguna vez alumna, usó prácticamente todas las oportunidades que encontró para enseñarnos a avanzar hacia la promesa de Dios en medio de lo desconocido. Después de la quimioterapia, las operaciones, los medicamentos y, por último, su remisión, ¡yo estaba extasiada! Quería gritar desde las cimas de las montañas, desde el valle y a todo pulmón que Dios logró lo imposible. ¡Cumplió su promesa! Y ahora, estaba conmigo cuando entré a una nueva época, a un nuevo territorio, a una nueva tierra de promesa. Bailaba alrededor de la habitación, recordándome la gran fidelidad de Dios. Me dijo que el Dios que liberó a los israelitas de la esclavitud era el mismo Dios que me proveyó en el desierto. Aquel que guio a los hijos de Israel a través del desierto hacia la Tierra Prometida me guiaba ahora. Servimos a un Dios que está con nosotros en el principio, medio y final. Debemos ser (no, *tenemos* que ser) fuertes y muy valientes, porque eso es lo que Dios exige cuando Él está con nosotros, tal como lo hizo con Josué.

Ahí, en esa habitación, vestida para mi boda, adornada por completo con joyas y el cabello peinado a la perfección, mamá se movía como pez en el agua. Nació para influir de esta manera, pensé, de lado a lado, moviéndose hacia una música interna que debió ser más hermosa de lo que el resto de nosotros podría imaginar.

Más tarde, con pasos sincopados y risas llenas de alegría, mi madre bailó toda la noche en mi recepción. Su pelo corto con mechones más claros dejaba al descubierto su piel resplandeciente. Llevaba un vestido marrón con tacones dorados y joyas que atraían la luz, reflejando destellos en las paredes circundantes. Mi papá se echó a reír, la interrumpió y la hizo girar mientras yo permanecía mirando desde atrás cómo se deslizaban de un extremo a otro de la pista de baile.

Esta era mi Tierra Prometida. Rodeada de mis amigos y familiares, probé el dulce fruto de mi tierra de promesa. La leche y la miel virtuales fluían de las copas del cambio y los cálices de la resistencia, y el 7 de septiembre de 2010 marcó el final de un capítulo en mi historia y el comienzo de otro.

Nueve años de espera, de sed del desierto y fuego ardiente, terminaron por completo en una sola noche. Desprovista de todo lo que creía querer y teniendo solo lo que necesitaba, entré a un nuevo fuego, confiando en que Dios continuaría transformándome en la persona que siempre debía ser.

Ese día no fueron los votos que pronuncié, ni el vestido blanco que usé, ni siquiera el maravilloso hombre con el que me casé, lo que cambió mi vida. *Dios* cambió mi vida. Por fin vivía sus promesas.

Estos fueron mis grandes descubrimientos en el camino a la Tierra Prometida: Dios quiere estar *con* nosotros y hará lo que sea necesario. Nos dejará adentrarnos en los desiertos de nuestra propia creación. Nos refinará en el horno.

Tal vez estés en tu propio desierto. Tal vez te sientas sola y perdida. O solo tal vez estés cansada de pedirle ayuda a Dios. Y aunque te canses, amiga mía, sigue adelante y ten la certeza de que no estás sola en el fuego. Hay un Dios que te escucha, te ve, te ama, y está contigo en medio del fuego. No les temas a las llamas ni al horno, porque cambiarás en medio del fuego. En el fuego es que experimentarás la presencia de Dios. Deja que empiece el viaje hoy, ahora mismo, en este instante. Esa es tu invitación a jugar con fuego.

La Tierra Prometida (imperfecta)

Así que aquí es donde el polvo de hadas cae del cielo y todos vivimos felices para siempre, ¿verdad? No, erróneo por completo. Esto no es una película de Disney, y yo no soy una princesa. (Es lamentable, porque me gustaría mucho usar una corona todos los días y tener a alguien que haga mi cama cada mañana. En cambio, divago).

El hecho de que abandonemos el desierto no significa que viviremos en un palacio. El lujo y la comodidad nunca se les prometió a los israelitas, incluso después que llegaron por fin a la Tierra Prometida. Ten en cuenta que se le llamó la Tierra Prometida, no la Tierra Perfecta. Es más, Dios le advirtió a Josué que fuera fuerte y valiente porque Él sabía los peligros que afrontarían Josué y los israelitas. Por fortuna, Dios estuvo con ellos en cada paso del camino.

A medida que me adentraba en un nuevo territorio, por muy alegre que fuera, no creo que estuviera lista para una época de cambios. Tan hermosa como era la vida, aún había batallas por librar, comenzando por mi interior. Todo lo que aprendí en mi tiempo en el desierto se puso a prueba casi de inmediato. Contraje nupcias con un hombre maravilloso que estuvo casado y tenía dos hijos. Esta estructura familiar no era con exactitud el escenario pintoresco que imaginé en mi niñez. Sin embargo, cuando conocí a Matt, supe que quería pasar el resto de mi vida a su lado. Es un hombre fuerte con una gran visión y que está dedicado a edificar la iglesia. (También es treinta centímetros más alto que yo, de hombros anchos y ojos azul cielo. ¡Grrr!). Con mis manos en dirección al cielo, sabía que el algoritmo de compatibilidad de eHarmony resultaba de veras, pues quería encontrar una manera de hacer que Matt se enamorara de mí en nuestra segunda cita. (Sí, nos conocimos por eHarmony, pero esa es otra historia para otro día).

Nos enamoramos y, un año más tarde, me propuso matrimonio en un balcón con vista a la Ciudad de Ángeles.

Entonces, una vez que nos casamos, sentí que mi identidad se alteró junto con mi nuevo apellido. Pasé de ser una mujer soltera, libre de deudas, que veía películas y viajaba por el mundo a una madrastra instantánea de dos niños, que conducía un auto razonable, vivía con un presupuesto limitado en un apartamento pequeño en una nueva ciudad. Todo cambió y sucedió a una velocidad vertiginosa. (Recuérdenme que les cuente sobre el momento en que me encerré en mi armario con una almohada y una botella de agua, jurando que nunca saldría de allí. Momentos divertidos). Aunque no estaba exactamente *preparada* para estos cambios radicales, le di la bienvenida a mi situación de madrastra con los brazos abiertos porque creía que Dios sabía lo que era ideal para mí.

Dejé mi empleo poco después de casarme y comencé a trabajar para *A21*, una organización contra el tráfico de personas. Me empujaron a una terrible realidad sobre la depravación humana. Mientras me encontraba cara a cara con los sobrevivientes y escuchaba los detalles brutales de sus maltratos y abusos, descubrí una nueva batalla que afrontar, y que había devastado a casi treinta millones de personas en todo el mundo. El trabajo consumía mi vida y comencé a luchar bajo la carga de millones de esclavos que clamaban por libertad.

En medio de este caótico y nuevo territorio, sabía que no debía vacilar ni hacer una mueca ni retroceder. Al igual que Jacqui Saburido, sin importar lo demás, tenía que seguir adelante. Incluso si *avanzar* significaba hacer cosas para las que no me sentía capaz.

La sabiduría consiste en rodearte de personas que han seguido adelante y pueden recordarte tu propósito. En un momento de vulnerabilidad, le confesé a mi jefa que me sentía abrumada e incapaz de manejar los nuevos desafíos en mi vida. Me respondió con una verdad sobre mí que nunca olvidaré: *Dios te está preparando para lo que Él ha preparado para ti.* (Christine Caine está LLENA de sabiduría como esta). En ese momento comprendí que todo por lo que yo había pasado ya se había preparado para lo que afrontaba ahora. Y esta nueva época me prepararía para la próxima. Así que seguimos avanzando, aferrándonos a las palabras que le dijeron a Josué: «Sé fuerte y valiente».

Hablando de fuerte y valiente, mamá sigue sin cáncer y dirige la iglesia con mi padre en el área de Los Ángeles. El oasis que soñaron con crear en el paisaje urbano y árido aún sigue en pie, veinticinco años después. El único problema ahora es que el templo es demasiado pequeño para albergar a todos sus feligreses. Están confiando en conseguir fondos para construir un hogar más grande para los viajeros cansados del desierto que buscan un refrigerio. (¡Es hora de que mamá haga otra lista de oración! Esta vez agregaré: Mueve a personas generosas para que donen un templo IMPRESIONANTE... así que... si conoces a personas ricas que buscan invertir, ¡saluda a tu chica!).

Veo a menudo el ejemplo de Josué mientras guiaba a los israelitas hacia su Tierra Prometida y su herencia espiritual. Reunió a su gente mientras se abrían camino y les recordó que sabía que la tierra era de ellos incluso cuarenta años antes de entrar allí. Con la sabiduría, la confianza y la dirección de Dios, Josué proclamó: «Todavía mantengo la misma fortaleza que tenía el día en que Moisés me envió. Para la batalla tengo las mismas energías que tenía entonces» (Josué 14:11). Luchó con valentía y se levantó para guiar a los hijos de Israel a la tierra que ya les pertenecía. Servimos al mismo Dios hoy, y creo que *tú* también puedes encontrar *tu* Tierra Prometida.

Puede que yo no tenga todas las respuestas ni una vida perfecta. Puede que no haya dominado la habilidad de decir no al pan fresco. Sin embargo, una cosa sí sé: sobreviví al fuego y Dios me refinó para descubrir la fuerza que nunca creí posible.

Todo lo que sucede en tu época en el desierto: el clamor, la entrega, la creencia en las promesas de Dios dentro de la comunidad y el paciente que escucha al Espíritu Santo, te está preparando para tu propia Tierra Prometida. Puedes hacer mucho más de lo que piensas o imaginas siquiera, porque nuestro Dios puede hacer mucho más de lo que podemos pensar o imaginar.

Prólogo

Era el día anterior al de Acción de Gracias, y recibí una llamada de Bianca por FaceTime. Lo que debía ser una festividad de gratitud y alegría, se recibió con lamento y dolor. Bianca llamó desde una habitación de hotel en un país extranjero con lágrimas corriendo por su cara y dolor en sus ojos. Contuvo los sollozos mientras me decía que había perdido *todas* las ediciones finales en las que había trabajado para su libro. Semanas y semanas de arduo trabajo habían desaparecido. Su manuscrito ya llevaba cuatro semanas de retraso y debido a este contratiempo, parecía que no podría cumplir con su fecha límite de publicación.

Cuando Bianca era pequeña, le teníamos un apodo familiar: *BB*. Era la abreviatura de *Bocona Bianca*. Lloraba con facilidad y era muy sensible con respecto a querer hacer las cosas bien. Además, cuando lastimaban o agredían a alguien, ella lo sentía con empatía. Me quedé mirando a mi hija adulta en la pantalla de mi teléfono, pero vi a la niña que fuera una vez. BB todavía era sensible y cariñosa, pero no pude consolarla como solía hacerlo.

Como hice con mis cinco hijos mientras crecían, llevaba a Bianca a la cama, cargándola en mis brazos en un intento por demostrarle el amor y la fidelidad que Dios sentía por ella *al ser* amoroso y fiel. Sin embargo, mientras miraba su cara cubierta de lágrimas varias décadas después, me di cuenta de que no podía ejercer mi paternidad con ella de la forma en que nuestro Padre celestial podía hacerlo. Bianca dijo que quería que este libro fuera un simple recordatorio de la fidelidad de Dios, pero en ese momento pareció como si lo hubiera olvidado de manera involuntaria. Se olvidó de la fidelidad. Oramos y creímos que este proyecto se terminaría, y que muchas vidas se transformarían a través del sencillo mensaje.

Como cualquier padre puede atestiguar, uno quiere que nuestros hijos crezcan y sean la mejor versión de sí mismos. Espera que alcancen su potencial y, a la larga, ayuden a otros a hacer lo mismo. Entonces, después de leer este libro, vi a mi hija más allá de las lágrimas del plazo incumplido, más allá de los sueños de escribir palabras que importan. Vi a mi hija como la mujer que ahora lleva a sus hijos a la cama, que reúne personas alrededor de su mesa del comedor, y que envuelve a extraños en sus brazos para mostrarles el amor de Dios. Lo que es mejor, es una mujer que saca tiempo para recordar la fidelidad de Dios.

No dejen que las llamas ni las tierras secas los asusten. Bianca se ha refinado en el fuego, y creo que Dios puede hacer lo mismo por todos nosotros. Incluso en los momentos en que los sueños (o los manuscritos) se pierden, las fechas límite (de libros o de otro tipo) se incumplen o la vida es abrumadora, deben saber que lo que vendrá será más maravilloso que cualquier cosa que perdieran. Sé que esto es cierto: tal como la crie para que amara al Señor y creyera en su fidelidad, ella está levantando ahora una generación para hacer lo mismo. Dios ha sido fiel conmigo. Dios ha sido fiel con Bianca. Y Dios será fiel con ustedes.

Pancho Juárez
Padre de Bianca, esposo de Millie y padre
para muchos en *Calvary Chapel Montebello*

Agradecimientos

Hay tantas personas a las que quisiera agradecer que me siento como un mosquito en una colonia nudista: No sé por dónde empezar.

En primer lugar, al Fuego que lo consume todo: ¡Estoy loca por ti! Tus promesas me mueven a vivir de maneras impensables. Gracias por transformarme en un pájaro que vuela de manera desenfrenada, cantando tus alabanzas (aunque un poco desafinadas).

Al hombre que me empuja a ser la mejor versión de mí misma y que siempre cree que soy mejor de lo que soy: Gracias, Matthew Ray. Estoy locamente enamorada de ti y sé que Dios nos unió por una razón. Por las noches que me dijiste que podía, por los días que me dijiste que debía, y los fines de semana que me recordaste que lo haría, siempre te estaré agradecida. Habría renunciado y huido de la mitad de las cosas que he logrado si no estuvieras a mi lado. Siempre estaré a tu lado hasta el día en que exhale mi último suspiro.

A Murmy y a Papi: No hay suficientes palabras para decir lo mucho que los amo. Les debo todo. No solo me enseñaron a leer, sino que también me enseñaron a aprender. Gracias por no verme siempre por quién soy, sino por lo que podría ser.

Un loco amor al «Escuadrón antiexplosivos» por los mensajes de texto, las listas de pruebas, los círculos de oración; a los Figs por ser amigos que están con nosotros cuando nos caemos y nos levantan cuando no podemos pararnos; y a mis queridos hermanos, que me sacaron de aceras que yo creía que eran cornisas. Soy un desastre, pero todos ustedes me aceptan por lo que soy. Y por ese simple hecho, les cubriré las espaldas por siempre y cada día. Ryry y Parker: Gracias por lidiar conmigo y con toda mi locura. ¡Estoy tan orgullosa de ser su madre S y no puedo esperar por todos los recuerdos que tendremos! Toni Trask, Mama Stella y mi familia CCM (Loren, Rolo, Lisa, Eric, Juny, Derek, Carlitos, Abel, JP, tío Iván, Denise, Monique, y cada siervo y miembro): Todos ustedes fueron los mejores compañeros de oración, y no podría hacer la mitad de lo que hago sin sus oraciones y apoyo. Un grito especial a RJM por creer en mí más de lo que yo creía en mí misma. A mi familia de trabajo en *A21* y a *Propel*: Estamos cambiando el mundo, y no hay nadie más con quien yo quisiera trabajar.

Un millón de gracias a Bryan Norman, Alive Literary y a Zondervan por permitirme ser parte de su familia literaria, pero le envío un amor especial a Carolyn McCready por permitirme incumplir cada plazo debido a un desastre fortuito tras otro en la vida, a Ángela Scheff por ser parte del comienzo de este libro, y a Tom Dean y Tim Schraeder por contratarme y hacer magia con el mercadeo. Sweet Harmony Harkema, me amaste bien y le diste vida a este proyecto, por lo que estoy más que agradecida contigo. Melanie

Nyema Rozenblatt: este libro NO existiría sin ti. Mano al cielo, tú eres mi editora de VIDA y te amo. Un agradecimiento especial a Sethn Haines por meterse en aguas profundas con una mujer loca y por ayudarme a estructurar mi caos. Tus ediciones, palabras y aliento hicieron de este libro lo que es. A Suzanne «Zen» Physick, gracias por tu paciencia, pero lo más importante, gracias por tu amor.

Por último, a Christine Caine, Bob Goff, Don Miller y Beth Moore, gracias por obligarme no solo a escribir mejor, sino también a VIVIR una historia mejor. Estaré eternamente agradecida con ustedes por su tutoría (tal vez no sepan que me han asesorado desde lejos) y por valorar las palabras más que las plataformas. Gracias por desafiarme a jugar con fuego.

(Y si lees esta página, también, gracias por permanecer durante todo el viaje. ¡Eres mi favorita!).

Para lectura adicional

¿Quién es el Espíritu Santo?, R.C. Sproul, Reformation Trust Publishing, 2015

El Dios olvidado, Francis Chan, Casa Creación, 2010

Fuego vivo, viento fresco, Editorial Vida, 1998

El Espíritu Santo, Arthur W. Pink, varias editoriales, su publicación original fue entre 1932 y 1937

El conocimiento del Dios santo, A.W. Tozer, Editorial Vida, 1996

The Holy Spirit, Kevin DeYoung, Crossway Publications, 2011

The Person and Work of the Holy Spirit, R.A. Torrey, CreateSpace, editorial independiente, publicado originalmente en 1910

Agua viva: El poder del Espíritu Santo en su vida, Chuck Smith, The Word for Today, 1996

Cómo vivir en el poder del Espíritu Santo, Charles Stanley, Ministerio EnContacto, 2005

Espiritualidad emocionalmente sana, Peter Scazzero, Editorial Vida, 2008

Apéndice:
Dones espirituales

Los eruditos, teólogos y pastores tienen diferentes puntos de vista sobre los dones espirituales, lo que implican y hasta si todavía existen o no hoy en día. Algunos dicen que solo se aceptan los dones que enumeró Pablo; otros argumentan que no se limite a Dios por las palabras de un hombre; y aún otros no creen en absoluto en la obra sobrenatural del Espíritu Santo. No estoy aquí para discutir de un lado ni de otro, sino que creo que es importante saber qué dones se enumeran en la Biblia. Así que aquí hay una lista de los dones enumerados en las Escrituras como una guía elemental (con referencias bíblicas para ayuda). ¡Bienvenidos!

Administración 1 Corintios 12:28

Dirigir el cuerpo hacia el cumplimiento de las metas y directivas dadas por Dios mediante la planificación, organización y supervisión de otros (palabra griega: *kubernesis*, conducción, guiar, pilotaje).

Apóstol Efesios 4:11; 1 Corintios 12:28

Para ser enviado a nuevas fronteras con el evangelio, proporcionando liderazgo sobre los cuerpos de la iglesia y manteniendo la autoridad sobre los asuntos espirituales que pertenecen a la iglesia (palabra griega: *apostolos*, uno enviado [*apo*, de; *stello*, enviar]).

Ayuda 1 Corintios 12:28

Ofrecer apoyo o asistencia a otros en el cuerpo a fin de liberarlos para el ministerio.

Celibato 1 Corintios 7:7-8

Permanecer voluntariamente soltero sin arrepentimiento y con la capacidad de mantener impulsos sexuales controlados para servir al Señor sin distracción.

Conocimiento 1 Corintios 12:8

Intentar aprender todo lo posible sobre la Biblia a través de la recopilación de mucha información y el análisis de estos datos.

Dar Romanos 12:8

Compartir los recursos materiales que tengas con generosidad y alegría sin pensar en nada a cambio.

Discernimiento 1 Corintios 12:10

Distinguir con claridad la verdad del error al juzgar si el comportamiento o la enseñanza son de Dios, de Satanás, o por error o poder humanos.

Enseñanza Romanos 12: 7; 1 Corintios 12:28; Efesios 4:11

Instruir a otros en la Biblia de una manera lógica y sistemática, a fin de comunicar información pertinente para una verdadera comprensión y crecimiento.

Evangelización Efesios 4:11

Ser un mensajero de las buenas nuevas del evangelio (palabra griega: *euangelistes*: predicador del evangelio; mensajero de lo bueno; *eu* = bien; *angelos* = mensaje).

Exhortación Romanos 12:8

Acompañar a alguien con palabras de aliento, consuelo, consolación y consejo para ayudarle a ser todo lo que Dios quiere que sea (palabra griega: *paraklesis*, llamamiento al lado de uno).

Fe 1 Corintios 12:8-10

Ser firmemente persuadido del poder y de las promesas de Dios para cumplir su voluntad y propósito, y mostrar tal confianza en Él y en su Palabra de modo que las circunstancias y los obstáculos no afecten esa convicción.

Hospitalidad 1 Pedro 4:9-10

Dar una afectuosa bienvenida a las personas, incluso a los extraños, a tu hogar o iglesia como medio para servir a los necesitados de alimento o alojamiento (palabra griega: *filoxenia*, amor a los extranjeros; *filos* = amante; *xenos* = extraño, extranjero).

Lenguas 1 Corintios 12:10; 14:27-28

Hablar en un idioma no aprendido con anterioridad, a fin de que los incrédulos puedan escuchar el mensaje de Dios en su propio idioma o para edificación del cuerpo.

Interpretación de lenguas 1 Corintios 12:10; 14:27-28

Traducir el mensaje de alguien que habló en lenguas.

Liderazgo Romanos 12:8

Estar frente a las personas de tal manera que atiendan la dirección del cuerpo con tanto cuidado y diligencia como para motivar a otros a involucrarse en el logro de estos objetivos.

Martirio 1 Corintios 13:3

Dar la vida de uno para sufrir o ser condenado a muerte por la causa de Cristo.

Milagros 1 Corintios 12:10, 28

Ser capacitado por Dios para realizar acciones poderosas que los testigos reconozcan que son de origen y medios sobrenaturales.

Misericordia Romanos 12:8

Ser sensibles hacia los que sufren, ya sea de manera física, mental o emocional, para sentir una simpatía genuina por su desdicha, pronunciando palabras de compasión, pero también cuidándolos con acciones de amor para ayudarles a aliviar su angustia.

Misionero Efesios 3:6-8

Poder ministrar en otra cultura.

Pastor Efesios 4:11

Tener la responsabilidad de cuidar, proteger, guiar y alimentar espiritualmente a un grupo de creyentes confiados al cuidado de uno.

Pobreza voluntaria 1 Corintios 13:3

Tener a propósito un estilo de vida empobrecido a fin de servir y ayudar a otros con sus recursos materiales.

Profecía Romanos 12:6; 1 Corintios 12:10; Efesios 4:11

Expresar el mensaje de Dios a su pueblo (palabra griega: *profeteia*, proclamación de la mente y consejo de Dios; *pro* = delante; *femi* = hablar).

Sabiduría 1 Corintios 12:8

Aplicar el conocimiento a la vida de manera tal que las verdades espirituales sean lo bastante relevantes y prácticas en la toma de decisiones adecuadas y en las situaciones de la vida diaria.

Sanidad 1 Corintios 12:9, 28, 30

Ser usado como un medio a través del cual Dios hace que las personas sean completas (ya sea de manera física, emocional, mental o espiritual).

Servicio Romanos 12:7

Identificar las tareas no realizadas en la obra de Dios, aunque sean de poca importancia, y utilizar los recursos disponibles para hacer el trabajo (palabra griega: *diakonia*, diácono, asistente; *diako* = hacer recados).